普通の会社員のための超副業力

森新
Mori Arata

CCCメディアハウス

はじめに――人生が変わるような副業を

本書は、副業における実践的な思考法について書いた本です。私の失敗も含めた、数々の実体験から大切にすべき考え方や行動についてまとめました。

しかし、本書は副業の実例だけを取り上げた本ではありません。副業は、実際には、まだまだ珍しい働き方です。そのため、実際に行動に移すときには、向かい風が吹くこともたくさんあると思います。

なぜ、向かい風が吹きやすいのか？

答えは、大半の人が経験したことがないからです。経験したことのないものに警戒してしまうのは当然です。副業であっても本業であっても、少なからず他人と関わりながら仕事をするのであれば、無駄な摩擦はないほうが望ましいはず。周囲の理解があるに越したことはありません。

では、周囲の理解を得るにはどうすればいいのでしょうか。

まずは、副業によって周囲に発生する可能性がある懸念をあらかじめ理解し、押さえておくことで、周囲をできるだけ安心させる必要があります。ここで言う「周囲」とは、本業の仲間のことです。

副業は文字通り、安定した本業があることを前提とした言葉です。本業の「逃げ」としての副業で、私は成功している人を見たことがありません。

本業とのバランスを取りつつ、しっかり副業での顧客にも価値を提供し続ける。このサイクルを安定して回せるようになることこそが、副業が確立できた状態なのです。

私は、いま振り返ると、この状態を確立するまでに相当な遠回りをしてしまったと思っています。これから副業を実践する人に向けて、私のような遠回りをしないために、私の失敗談や構築したノウハウ、思考法をまとめました。

- どんな副業は、避けたほうがよいのか
- どのようにして、本業とのバランスを取るのか
- いかにして、副業の時間を生み出すのか
- 副業だからこそできる、ビジネスモデルとは？
- 戦わずして勝てる、副業のマトリクスとは？

・副業が軌道に乗ったら、本業で気をつけるべきこととは？

3年前の私は「ずっとこのままでいいのだろうか」と自らのキャリアに悩み、目の前が灰色に見えて、もやもやした状態が続いていました。そんな3年前の自分にアドバイスするなら？　そんな視点でまとめています。

じつは、副業と起業は似た部分が多数あります。それゆえ、一筋縄ではいかない瞬間も多々あります。どんなマーケットで、どんな顧客の課題を解決するのか。ビジネスモデルはどうするのか。

「副業のくせに、たいそうなことを言っているな」と感じる人もいるかもしれませんが、起業するほどの覚悟で副業に挑まなければ、結果として本業の仲間の信頼を失ってしまう可能性もあるのです。これでは、副業の意味がない。

本業に支障のない、時間のコントロールができる副業のモデルを構築する必要があるということです。時間の配分を自らで握ろうと思っても、アルバイトのような他人の指揮命令下におかれる時間の切り売り型の副業では、すぐにうまくいかなくなります。

どうせやるなら、**人生が変わるくらいのインパクトのある副業**に、段階的にでも挑戦してほしいと思っています。さらに理想を言うならば、本業にも好循環がどこかで生まれる副業が望ましい。

副業は本業があるからこそ、いつでもやめることができます。だからこそ、高い目標を設定してみませんか？

副業だからこそ、失敗しても、何も失うものはありません。

生きがいと言えるような副業を見つけることができれば、毎日の景色が明るく見えるようになります。本業も、さらに楽しめるようになります。

本書を通じて本業とのバランスを含めた、無理のない副業をうまく確立できる人が増えることを願っています。

普通の会社員のための超副業力　目次

第1章 ようこそ、大副業時代へ

第2章

副業構築の三つのフェーズ

第3章

副業の思考法

第4章 本業＋副業を両立させるための時間の作り方と思考法

第5章 実録！私の副業通信簿――失敗と失敗と成功

第6章

副業開始後に押さえておきたい思考法

第1章

ようこそ、
大副業時代へ

「いまの働き方がすべて」ではない

「この会社で働き続けてもいいような気がする」

「いや、変化の激しい時代に、何十年もずっとこのままではまずい気もする」

「仕事ができる人ほど、いまの会社を辞めて新しい挑戦を始めているらしい」

「でも、転職してうまくいく保証なんてない。いまより悪くなるかもしれない」

「会社が副業を解禁した。副業を始めるのもありかもしれない」

「今年はボーナスが減った。辞めることも考えたほうがいいのかな」


明確な答えを出せない堂々巡りが頭の中で続いていく。いま、この瞬間も無意識にするまばたきのように、特段の意思のない時間の使い方をしている。そんな心理状況に思い当たり、共感する人も少なくないのではないでしょうか。

何より私自身が、ほんの3年前まではこんな状況だったのです。

起業家ではなく、会社員としてこれからも生きていくことに大きな迷いはない。でも、働きながら日々もやもやとした思いを抱えていく。その「もやもや」は、時間が経てば解消されるものではないことも理解している。でも、何をすればいいかわからない。誰かの意見を聞こうにも、ロールモデルがいない。その「もやもや」が積もり、自分の将来の景色がなんだか灰色に見えてしまう。

どうして、もやもやしてしまうのでしょうか。

私は世の中には大きく分けて2種類の人がいると思っています。「勝ち組を作りたい人」と「勝ち組に入りたい人」です。

前者は、いまの勝ち組というステータスにはこだわらず、仕事や会社そのものを愛している人たちです。ハングリー精神を持ち、組織に問題があれば自分が変えてやろうと考えています。

つまり、「自分自身が、所属している組織や会社を勝ち組に変える」ことを目指しているのです。そうした人にとっては、現在の状況が向かい風であっても、たいした問題ではないはず。

対して、後者に当てはまる人の中には、名の知られた有名な会社に入社し、そのこと自体が成功体験となっている場合も多いのかもしれません。

たとえば、10年前に新卒でメガバンクへ入り、就職活動の勝ち組となったような人。しかし、10年経った現在はどうでしょうか。

業界は大きな変化の波にさらされ、リストラの4文字がやけに身近に感じられるようになってきているかもしれません。

いま、特にもやもやしているのは、「勝ち組に入ることを目指して勝ち組（だと思っていた場所）に入った人」だと思います。

0か100かで物事を考え、会社を辞めようと考えても、家族や知人からは「せっかくいい会社に入ったのに」という枕言葉をつけて「辞めちゃうんだね」と言われるのでしょう。そう言われると、「そうだ、自分は勝ち組に入りたかったんだ」という思いが再燃して、辞めるべきか否かの決断ができないままになってしまう。

昭和の時代なら、勝ち組と呼ばれる企業にいたままでも、なんとかなっていたかもしれません。

しかし、多くの人が実感している通り、いまは違います。昨年までの勝ち組が今年は負け組になる。国内においては、人口減少で競争は激化するばかり。勝ち組を志向する権威主義のようなものは、根本的に捨ててしまうべきなのかもしれません。

将来のキャリアを考えるときに、このまま会社に残るか（現職）、違う会社へ移るのか（転職）、それとも自身で事業を興すのか（起業）の三つで考えるのが、これまでの会社員の常識だったと思います。逆に言えば、この現職・転職・起業の3択以外に選べるものがないと考えている人も多いのかもしれません。

そうではなく、**「いまの持ち場はそのままで変える」という新たな選択肢も、検討してみる価値がある**と思うのです。

「いまの持ち場はそのままで変える」というのは、「会社での働き方＝本業」を変えるのではなく、自分自身のプライベートを変えるということ。**「副業という、プライベートな時間を使いながら変えるという選択肢を、アグレッシブに取りにいく」**というのが、私の結論です。

外圧によって勝ち組が変わっていくのではなく、自らを自らの定義と行動で勝ち組に変えていく。そんな生き方があってもいいのではないでしょうか。

会社員こそ最強の働き方である

このもやもやを、なんとか変えていきたい。

そう思って私は試行錯誤し、会社の中で得られるキャリアだけにこだわるのではなく、本業とは直接的に関わらない「ショートカット・アウトルック研究家」という副業を続けています。

社内外の多くの人へノウハウを伝授する機会（講師としての活動）を得て、個人や法人向けの講演もしてきました。また、『アウトルック最速仕事術』『脱マウス最速仕事術』（ダイヤモンド社）という書籍の出版にも挑戦しました。書籍の発行部数は、現時点で約19万部（売上高約3億円）。これに伴い、一定の副業収入を確立することができました。

この試行錯誤の過程で、「**さまざまな選択肢がある会社員こそ、最強の働き方**ではないか」と、私は考えるようになりました。

多くの人が会社員として働いているということは、多くの人が最強の働き方への切符を手にしているということ。あとは、その切符を使うだけです。

そして、切符を使うのに特別な才能は必要ありません。選ばれた人や財力のある人だけが乗れる特別指定席ではないと、断言できます。

「そうは言っても、森新は特別な才能があるから副業で成功したんじゃないのか？」と訝《いぶか》しく思う人もいるかもしれません。しかし、それは違います（自分で必死に否定するのはなんだか変ですが)。

私自身はどこにでもいる、ごくごく普通の会社員です。特殊な能力や知識があるわけでもありません。それは、本書を通してきっと理解していただけると思います。

同時に、会社員という生き方を、いまよりもポジティブにとらえられるようになるはずです。

「年収500万円」と「合計年収500万円」、どちらを選ぶか

「強い会社」と聞いて、みなさんはどんな企業を思い浮かべるでしょうか。

ほかにはない、独自のサービスを展開している会社?

たしかに強い会社だと言えるかもしれませんが、いずれは他社が追随してくるかもしれません。独自性を売りにできなくなれば、会社の繁栄はそう長くは続かないで

しょう。

では、良質な太い取引先を持っている会社?

しかし、限られた取引先のみに依存することは、大きなリスクでもあります。何らかの理由で巨大な取引先を失ってしまえば、一夜にして売り上げは急減するでしょう。

こうした理由から、企業経営においてはポートフォリオの多様化が重視されます。たとえば出版社なら、書籍だけではなく、雑誌やウェブサイトも手がけたほうが、安定性は高まります。さらに言えばカフェを経営するなど、まったく別の事業を展開してもいいかもしれません。

ポートフォリオが多様であれば、いずれかの事業が倒れたとしても、別の事業で盛り返すことができます。取引先についても、巨大な1社に頼り切るよりは、小さくても多数の取引相手を抱えておくべきでしょう。

このポートフォリオ戦略は、じつは個人にもそのまま当てはめることができます。

シンプルな事例で考えてみましょう。

Aさんは、1社に勤務して年収500万円を得ています。

対するBさん。勤務先の年収は350万円ですが、副業で収入源が二つあり、年間100万円+50万円を稼いでいます。

さて、安定性が高いと言えるのは、「強い個人」だと言えるのは、どちらでしょうか。

もし、二人とも本業を同時に失業してしまったとすると、Aさんはいきなり年収ゼロになってしまいます。

Bさんも、本業を失うダメージが大きいことは変わりませんが、それでも150万円を稼ぐ道が残されています。各仕事における時間の調整などは、Bさんのほうが大変かもしれません。しかし私なら、圧倒的にBさんのほうが強いと考えます。

そう考えるとシンプルな話だと思うのですが、なぜか多くの会社員は、「0か10

● 年収500万円と合計年収500万円の違い

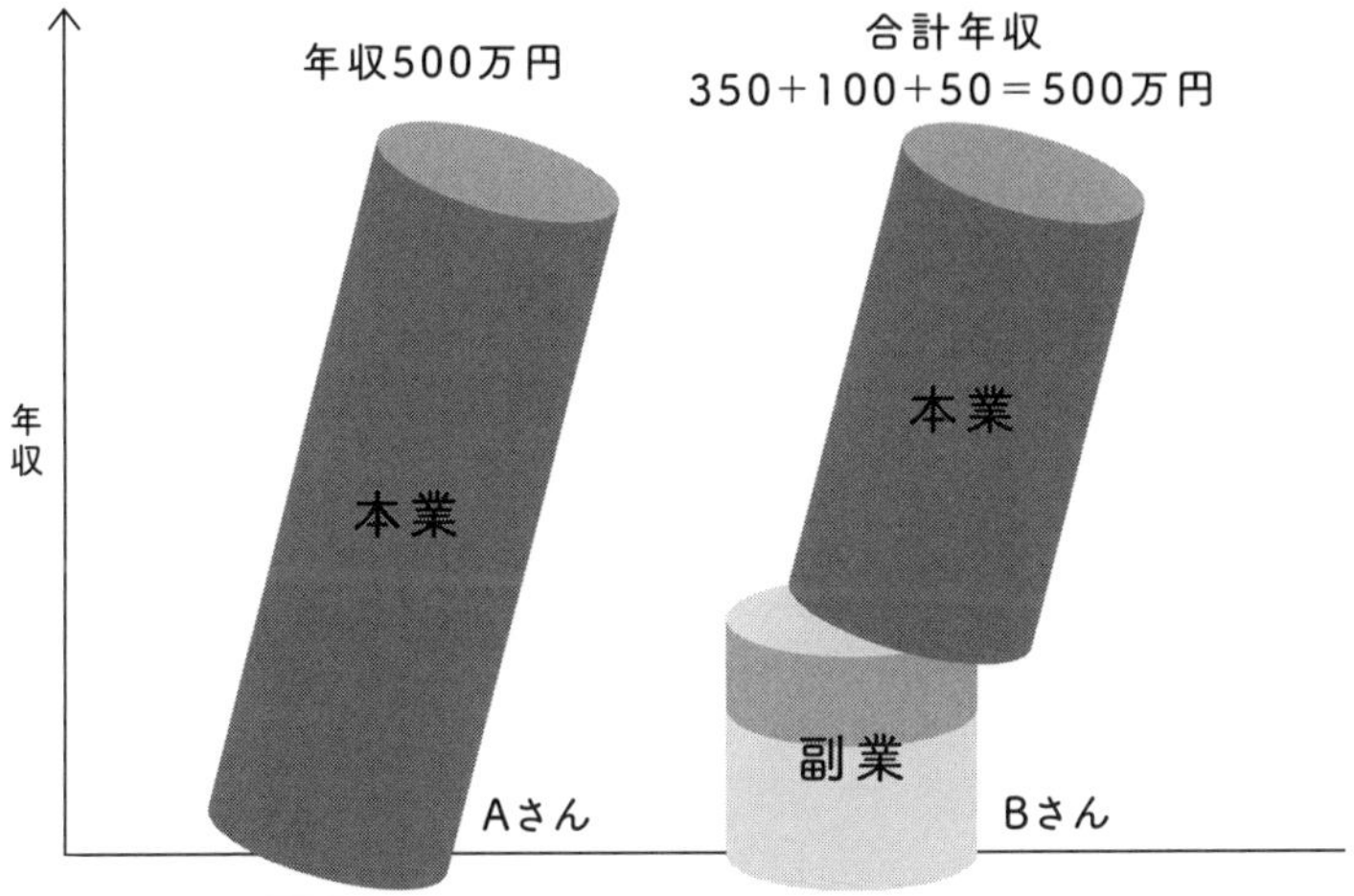

り か」で考えてしまうと感じませんか？

会社に不満が出てきたとき、会社員の多くは「会社を辞めるか、辞めないか」しか考えません。

もちろん、現状では実現できないキャリアや仕事を求めて転職することもあるでしょう。しかし、転職する人全員がポジティブな理由で動いているわけではありません。現状に嫌気が差して会社を辞め、転職した結果、さらに厳しい状況になってしまうというケースも実際にありますよね。

安定した強い個人になるためには本業年収を上げるという観点も大切ですが、

私はもう一つの考え方を提示したいと考えています。

それは、**本業収入を下げてでも、つまり年収５００万円を４００万円に下げてでも、もう一つのポートフォリオを作りにいく**、ということです。


副業はまさに、もう一つのポートフォリオを作りにいくための挑戦だと言えます。

もし時間が足りないと感じるなら、本業を徹底的に効率化して、積極的に残業代をあきらめるべき。３年前の自分にアドバイスができるのなら、私はこう伝えます。

ちょっと刺激的な言い方になってしまうかもしれませんが、ここは本書の中で伝えたいメッセージの一つの肝でもあるので、あえて書きます。


残業は、必要ならばもちろんすればいいのですが、本来は限られた時間の中でアウトプットが出せない人の、最後の選択肢だったはずです。

しかし多くの日本企業では、残業代をインセンティブのようにとらえて依存する会社員が増えてしまっています。仕事をだらだらと、遅く進めるほどもらえるお金が増えるという破綻したインセンティブ設計に、どっぷりと浸かってしまっている。これは、紛れもない事実です。

年収で考えれば、かつての私のように1００万円以上を残業代に依存している人もいるでしょう（詳しくは後述します）。仕事を効率化して、その1００万円がなくなるのは怖いと思う気持ちもわかります。

しかし根本的に認識しておかなければならないのは、その1００万円がいつ消え去ってもおかしくない収入だということです。新型コロナウイルス感染症の影響を受けた企業は、コストダウンのために残業抑制を行いました。残業を固定的な年収の一部として認識している人もたくさんいると思いますが、それは幻想なのです。

そんな砂上の楼閣に居座っているくらいなら、いっそのこと自分から打ち壊して、もう一つのポートフォリオで1００万円を稼いだほうがいいと思いませんか？

それに、残業代に頼るという他責思考をしている限り、明るい未来はないのも事実です。

残業代を削ってでも外で同じ収入が確保できるようにチャレンジすると、より当事者意識を持った時間の使い方ができます。そうすることによって、自分だけではなく、社会もよくなっていく。私はそう思います。

副業で得た非金銭的な対価

私自身、副業によって二つの大きな変化を得ました。

一つは、前述の通り、**会社の収入のみに依存しなくなった**こと。

もう一つは、**会社からの精神的自立**です。

万が一、会社を辞めても生きていけるんじゃないかという自信がつきました。

それは何をもたらすのか。

経営陣や管理職、そのほかどんな人にも、私は思っていること、考えていることを、以前より伝えられるようになりました。

会社の規模にもよると思いますが、一般的に考えると、経営陣に強く反対されれば、一時的にせよ、会社員なら引き下がりますよね。少なくとも、以前の私はそうでした。

でも、副業収入をある程度しっかり確保し、副業によってビジネスにおける意思決定の場数をある程度踏み、それに伴って自己肯定感を十分に持てている状況となった私は、経営陣と争ったところで、長期的な生活に何ら支障がないと思えるようになりました。

正しいことは、「正しい」と言う。

疑問を残したまま、絶対にその場から引き下がらない。

正しく変えるという選択肢を、本業でもアグレッシブに取る。

本来的には当たり前の姿なのかもしれませんが、自分の個性を常時全開にして一定規模の組織で働くというのは、そう簡単なことではありません。**争うのではなく正しいことを正しく伝えられる、職位に関係なく議論を行えるマインドセットを得られた**のは、想定していたよりもずっと大きな収穫でした。

時間生産性と総収入を正比例させる唯一の方法

私は現在、新規事業の仕事をしていますが、その前は営業部門や人事部門にいました。営業部にいたころはたくさん残業をしていて、いまとはまるで違う働き方。2015年ごろの話です。

ちょうどそのころ、世間では野放しになって拡大し続けていた一部の企業の時間外労働が問題視されていました。働き方改革という言葉がメディアを賑わすようになり、法律によって残業時間が規制されるようになったのです。

そうした流れの中で営業から人事へ異動した私は、結論からいうと、年収が100万円以上下がったのでした。

年収が下がったのは、私が一生懸命頑張って結果を出したから。誤植ではありません。頑張って結果を出したら、年収ダウン。それが現実に起きたのです。

人事に異動した私が徹底的に取り組んだのは、自分自身の業務の効率化でした。

土日にVBAというプログラミングをゼロから勉強し、自分の業務の中にあるルーティンワークをすべて自動化していきました。それまでは1週間かかっていた仕事が、5分で終わるようになるというソリューションも生み出しました。

結果、私の残業時間は根こそぎなくなって、早く帰れるようになったのです。

これって、とてもすばらしいことですよね。私も「よく頑張ったな」と自分で自分をほめてあげたい気持ちでした。

でも、その感情を持てたのは翌月の給与明細を見るまで。給与明細に書かれていたのは、それまでと比べて大きく下がった支給金額でした。

そのときになって私はようやく、残業代という名の時間給が私の収入に大きな影響をもたらしていたことに気づいたのです。

おかしな話だと思いませんか？

本来なら生産性を高めれば高めるほど総収入は上がるべきなのに、どんな産業でもそうあるべきなのに、生産性を大いに高めた私の対価は反比例して減ったのです。私が真剣に業務改善に取り組んでいたのは、土日の時間を新たな学びに費やしてでも、人事として働き方改革をリードし、会社に貢献したいと考えていたからでした。

「こんなに頑張ったのに」
「自分はこんな未来がほしかったんだっけ？」

かなり悩みました。これが、3年前の私に起きていたことです。私はスノーボードを大切な趣味にしていて、これにはかなりのお金がかかります。その費用を捻出するために、何度かお昼を抜いて節約することもありました。

私の実体験はレアケースではないでしょう。同じような経験をした人は、たくさんいると思います。残業代という名の時間給をたくさん稼ぎたいなら、むしろ、だらだら働いたほうがいい。仕事が遅ければ遅いほど、たくさん給料をもらえるわけですから。しかも、割増賃金という法律上のおまけまで、ついてきます。

● 時間生産性と総収入の関係図

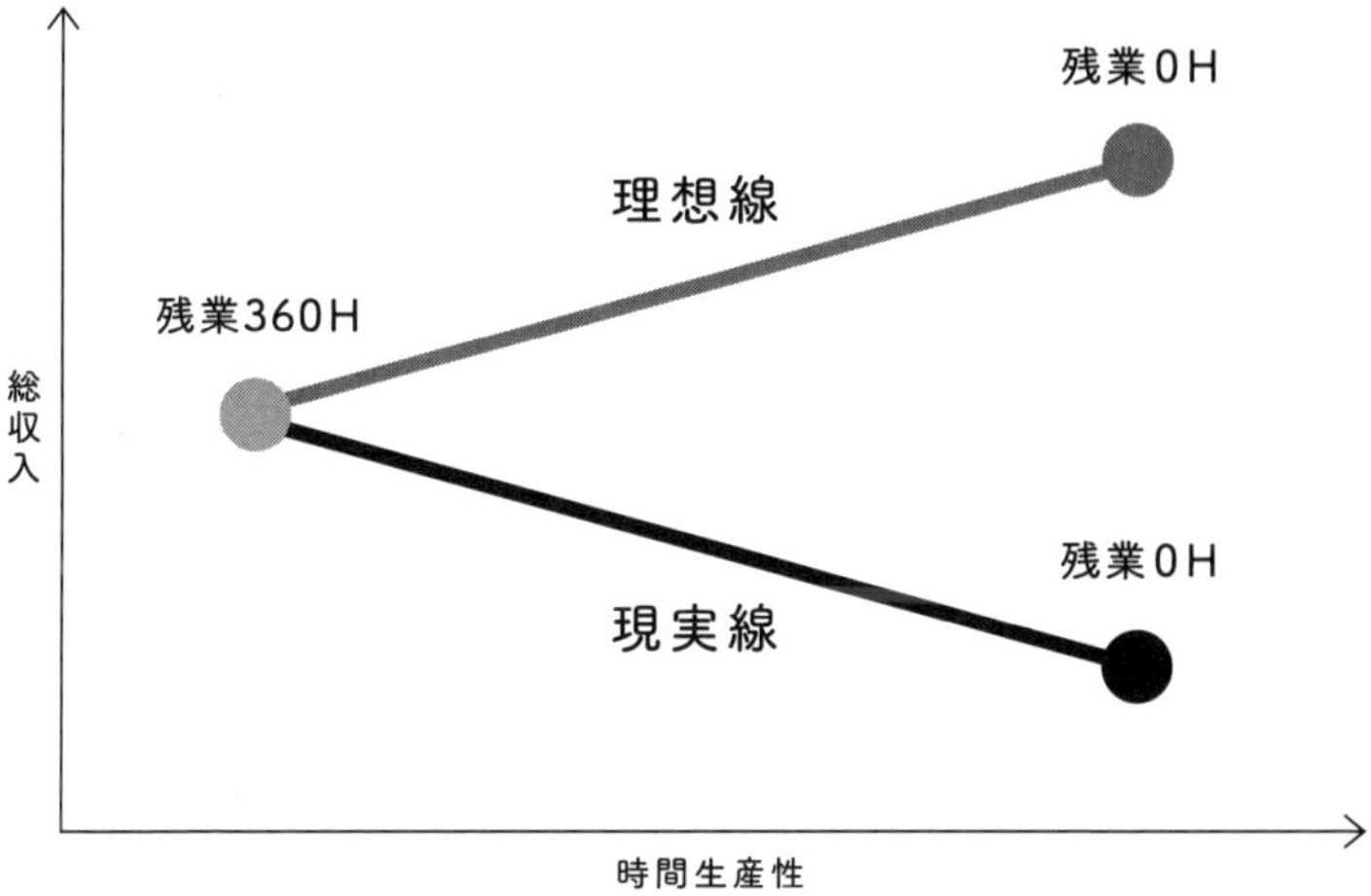

　でも、そんな働き方はおもしろくないし、何年もそんな働き方ができるわけもありません。「まばたき」をするように漫然と働き続けることは、私にはストレスでしかなく、それはできないと思いました。

　人間は毎日、好むと好まざるとにかかわらずまばたきをするわけですが、普段は特に意識なんてしませんよね。放っておいてもまぶたは勝手に動くし、物が飛んでくれば無意識に目を閉じる。

　かつての私は、同じような感覚で時間と向き合っていたのだと思います。自分が何の気もなくやっていることを改めて俯瞰した上で認識し、変えられるか

――。

不満があるなら、他責にせず、自分の行動で、理想の状況に近づけていくべきだ。**副業が確立できれば、時間生産性と総収入は比例するようになる**はずだ。そんな意識を持ち始めたことが、状況の好転につながったと思っています。

副業のロールモデルが、なぜ少ないのか

ここ数年、新聞やニュースに「副業解禁」の文字がよく並んでいる状況は誰しもが見ていることだと思います。社会的な注目度が非常に高い。興味を持っている人も多い。実行に移そうとしている人も多い。

では、実際に実行をしている人が、みなさんの周囲に何人もいるでしょうか。私の周囲では、副業をしている人は稀有な存在です。

株式会社リクルート〈2021・プレスリリース・兼業・副業に関する動向調査〈2020

概要版〉）の調べによれば、副業を実行する意向を持っている人は約42パーセント。副業を実行している人は約10パーセント。

私は副業当事者として、この調査結果が肌感覚に合わない数字だと感じてしまいます。日本には約6000万人の労働人口があり、この割合を仮に全体へ単純に引き当てるとすれば、副業を実行している人は600万人。千葉県の総人口に匹敵する人数となるのです。

これだけの人数が実際に副業を行っているのであれば、該当する人は周囲にもっとたくさんいるはず。しかし、社内起業がきわめて活発な某人材系企業ですら、申告ベースの副業の実施率はわずか数パーセントと聞きます。一般的な社風の企業においては、1パーセントを大きく割っているのが現状でしょう。

- なぜ、実行意向約42パーセントと、実行率約10パーセントとの間に大きなギャップが生じているのか
- なぜ、副業の実行率が肌感覚に合わないのか

● 副業人口の実行ギャップと仮説

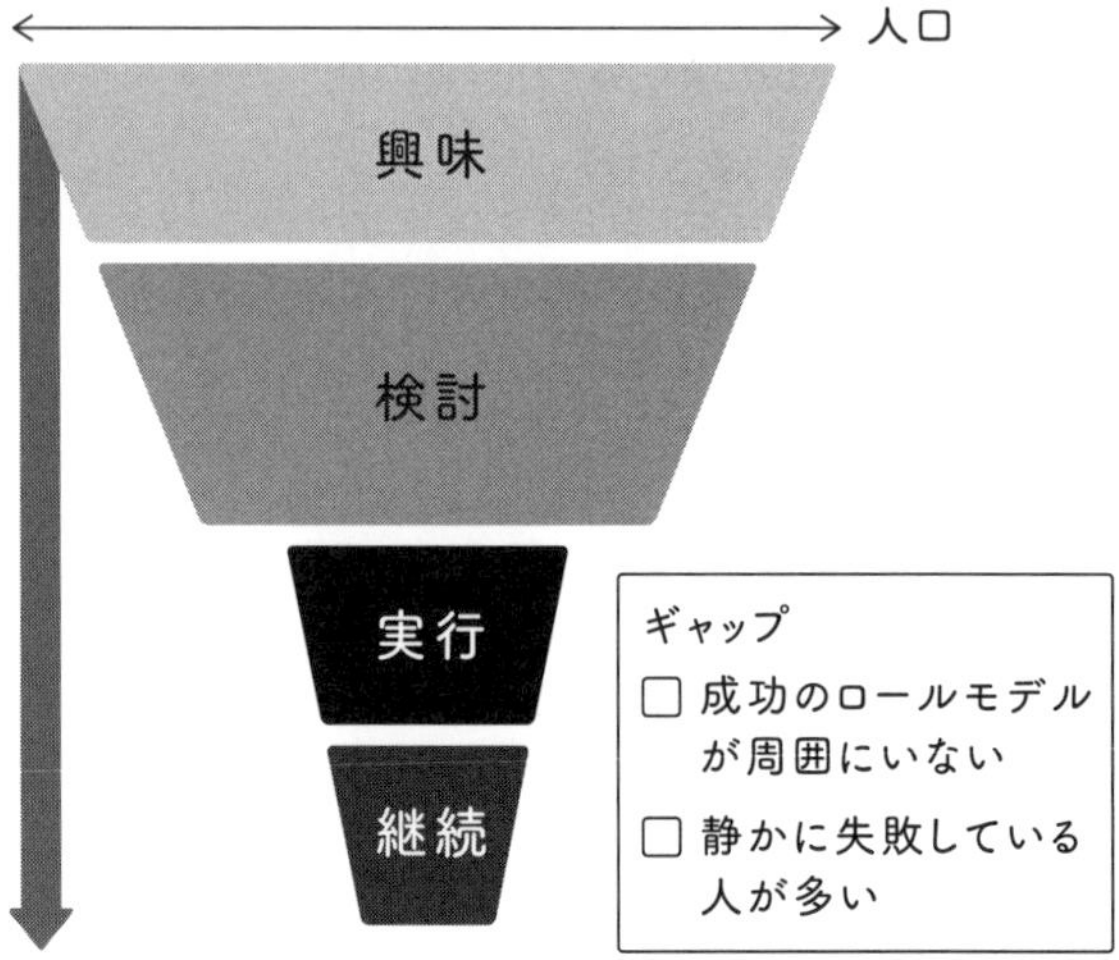

私の仮説は次の二つです。

①成功のロールモデルが周囲にいないから

②静かに失敗している人が多いから

まだまだ一般的な働き方ではないため、失敗も含めたロールモデルが少なく、すでに副業のアクションを起こしている人でも、手探り状態で進めているのが実態です。

また、成功のロールモデルがいたとしても、その人と完全に同じモデルを構築しても、同様の果実が実るとは限りません。

●副業構築失敗のバッドサイクル

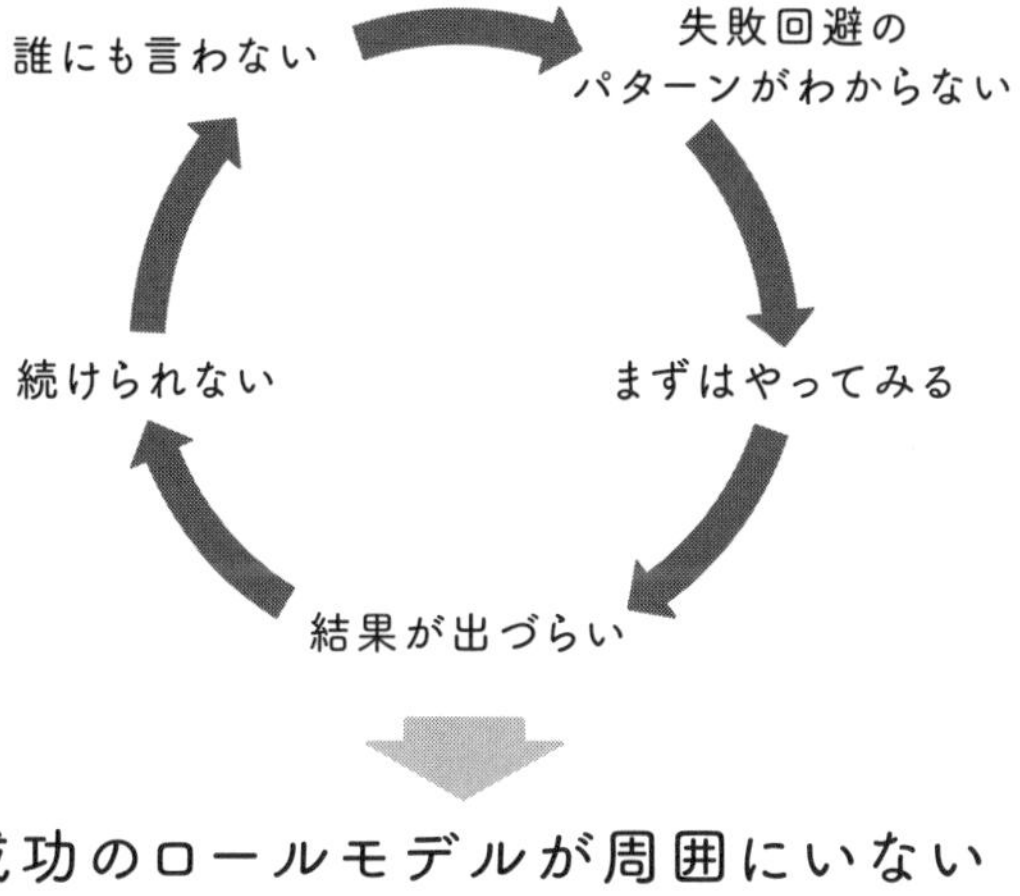

誰にでも当てはまる、再現性の高い成功の型というのは、そう存在しません。

仮にそうしたロールモデルを忠実に真似たとしても、時間とともに参入者が激増し、利益分配を激増した参入者とともに行うだけになってしまいます。成長実感も得られないでしょう。

インターネットを中心に「必ず〇円が儲かる」と成功をうたう情報商材の転売など、あやしい副業が多々ありますが、これは構造上ありえないと考えてください。成功には、再現性がほとんどないのです。

一方、失敗については、再現性が非常

に高いという特徴があります。失敗した先駆者と同じアクションをすれば、失敗する確率は当然高くなります。逆にいえば、失敗のパターンを知っておくことで、失敗率を下げることが可能になります。

では、失敗の情報はどこで得られるのか。

残念ながら、失敗のエピソードを生々しく話してくれる人は多くはいません。その失敗のエピソードを概念化し、サイエンスにまで昇華してくれる人となれば、なおさら少なくなります。

そのため、失敗のパターンを分析せずに、まずは体当たり的に副業に挑むことになってしまう。成功したらそのうち周りに言おう、それまではこつこつ静かにやろう、となりがちなのです。そして、なかなか理想的な結果が出せず、続けられず、フェードアウトしていく。

つまり、「静かに失敗している人」が量産されていくのです。

副業構築失敗の三つの事例と要因

私は大学生時代から、広義の副業をいろいろとやってきました。その10年を超える期間において、自分自身の副業の失敗や、副業仲間の成功・失敗をそれぞれ見てきました。ここでは、「静かな失敗」の三つの事例について、具体的な例を挙げて紹介をしていきます。

39ページの図を見てください。縦軸は副業で得られる仕事のやりがい、横軸は副業における継続日数としています。以下三つの名称をつけています。

なお、例に挙げた仕事はイメージを持ちやすくするために設定したものであり、これらの仕事を選ぶと失敗するというものではありませんので、ご注意ください。

出オチくん：出オチ型
こつこつ忍耐くん：心身疲弊型
あと一歩くん：市場淘汰型

「出オチくん」は、とある特技を持っています。その特技を使って仕事を受注しようと計画しました。クラウドソーシングのサイトを活用し、いままでの業務実績をＰＲして、晴れて案件を獲得。

ここまではよかったのですが、その先に想定を超える事態が続いていきます。獲得したクライアントにも、いろいろな人がいます。最初の依頼時には要件になかったことが次々と増える、ぶれる、時間に追われていく。

最初は強いやりがいを感じていたものの、本業中に自分のスマートフォンへのアプリの通知やメールを受信するたびに、本業の集中力がそがれていく。最終的には、睡眠や食事などの生活時間を削ってカバーをしてしまう――。

「こつこつ忍耐くん」は、求人サイトで見つけたアルバイトを、業務後と休日にこっ

●副業構築失敗 三つの事例

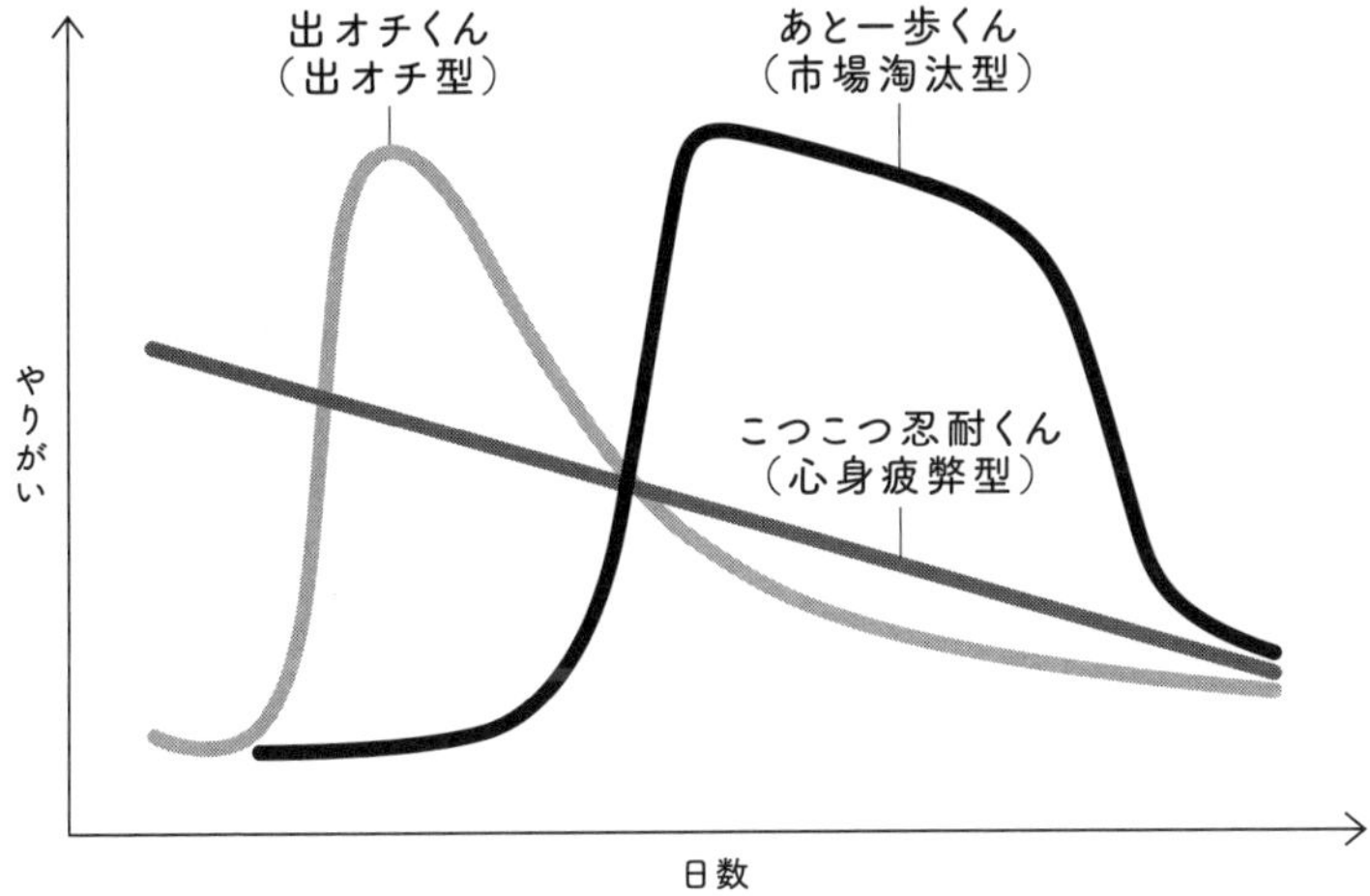

そり行っています。アルバイト開始当初は、本業とはまったく違う環境で働くことに、とても新鮮な気持ちになっていました。

しかし、その気持ちも長くは続きません。本業のスキマ時間で入れるアルバイトのシフト数は、たかが知れています。結果、アルバイト月収入は月間数万円。本業の時給単価と比較計算し、あまりにも大きく開いた差を自覚して、頑張る方向性を問い直したくなってしまいます。私が副業で実現したかったことは、これではないはずだ——。

「あと一歩くん」は、インターネットを

通じた販売を行っています。趣味の知識を総動員し、仕入れ・販売を一気通貫で行って、競合を上回るコストパフォーマンスを実現。結果として、リピーターの獲得にも成功します。セールストークを日々工夫したり、写真などの見せ方を改善したりして、結果にますますの手ごたえを感じられるようになってきました。

しかし、あるときからリピーターが離れていきます。理由は、もっとコストパフォーマンスに優れた競合が現れたから。やむなく、価格を下げて対抗をするものの、キリがありません。終わりのない価格競争に突入してしまったのです――。

失敗に学ぶ。避けておきたい副業とは

先ほどの三つの事例がなぜ失敗したのかを、考察していきましょう。

「出オチくん」については、業務の指示が本業だけではなく、副業のクライアントか

●副業構築失敗 3事例紹介

出オチ型

「出オチくん」（例：受託業務）

- 仕事を受託したが、スピードが追いつかない
- 本業と副業のコミットバランスの調整も大変
  - ▶「〇時間、生活時間を削ってしまった。しんどい……」

··

心身疲弊型

「こつこつ忍耐くん」（例：飲食アルバイト）

- 時給でこつこつ、こまめに、こっそり
- 特段の成長実感も、まとまった収益も得られない
  - ▶「副業で実現したいことは、これだっけ……？」

··

市場淘汰型

「あと一歩くん」（例：せどり）

- 顧客獲得に一定の安定感と成長実感もある
- 競合との価格競争から、なかなか抜けられない
  - ▶「あれ、本業時給比、半分もないかも……」

らも飛んでくる状態になってしまい、常時追われる状況から脱することができなくなってしまいました。納期に一定の理解のあるクライアントを見つけられるとよかったのですが、副業を始めたばかりのため、クライアントを選べる立場ではありません。結果として、本業の集中力をそがれる副業を選択してしまい、精神的に疲弊してしまいました。

「こつこつ忍耐くん」は、アルバイトであるがゆえ、業務の内容はルーティンワークが大半です。成長実感の得られない副業を選んだため、物足りなくなってしまい、続けられなくなりました。

「あと一歩くん」は、自らのビジネスアイデアで収益を確保し、成長実感も獲得できました。ここまでは非常によかったのですが、本業として挑んでくる強敵の登場で、しょっちゅう市場価格を注視しなければならない日々に。価格競争が激化し、最終的に勝ちきれず、利益なき繁忙に突入してしまいました。

これら三つの事例は、ともに外部環境によって淘汰されてしまい、副業構築に失敗しています。環境によって淘汰されてしまいやすい要因の例と対策を、本業に起因するもの、副業に起因するもの、両方に起因するものとして、44ページの図で整理しています。

まず、両方に起因するものとしては、時間確保が困難になるという点です。本業と副業は、ときに時間を食い合う状況になることがあります。つまり、本業と副業は時間配分上のトレードオフの関係になっているのです。対策としては、**時間配分のグリップを他人に握られない副業を選ぶことが必要**です。

次に、本業起因の部分については、本業における各ステークホルダー（利害関係者）との調整が挙げられます。本業の職場の理解と協力まで得る必要はまったくありませんが、隠さねばならない副業は余計なエネルギーを消費させます。

「今日、〇〇の件、急遽お願いできないかな?」というリクエストに、「どうしても外せない予定があって……」を何度も繰り返すわけにはいきません。副業開始後、ある程度の時間が経っているとしても、**人に言えない副業は継続しないほうが望ましい**

● 環境によって淘汰される要因の例と対策

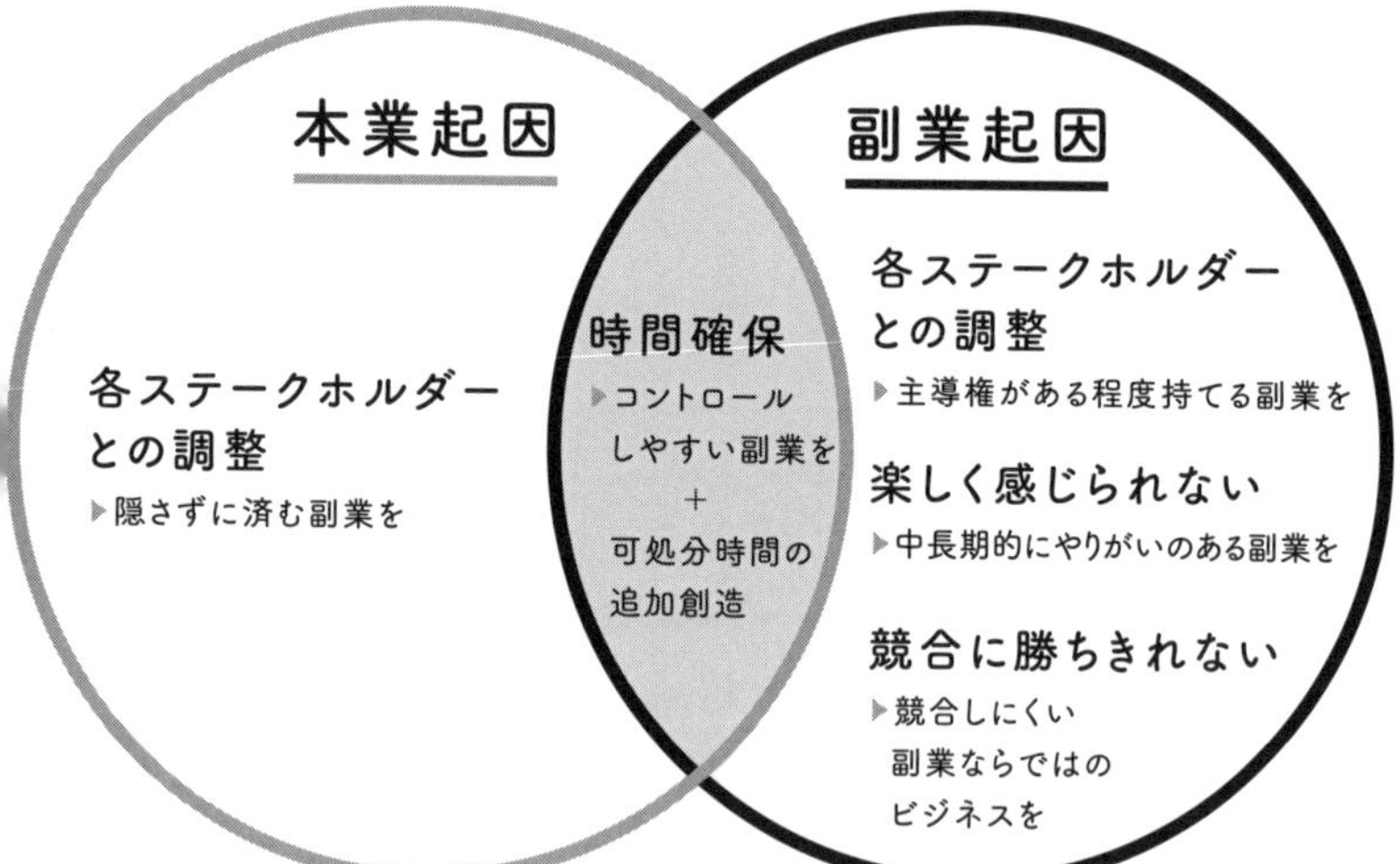

これらにあらかじめ、一定の備えをしつつ、副業を構築する

●ステークホルダーの倍増

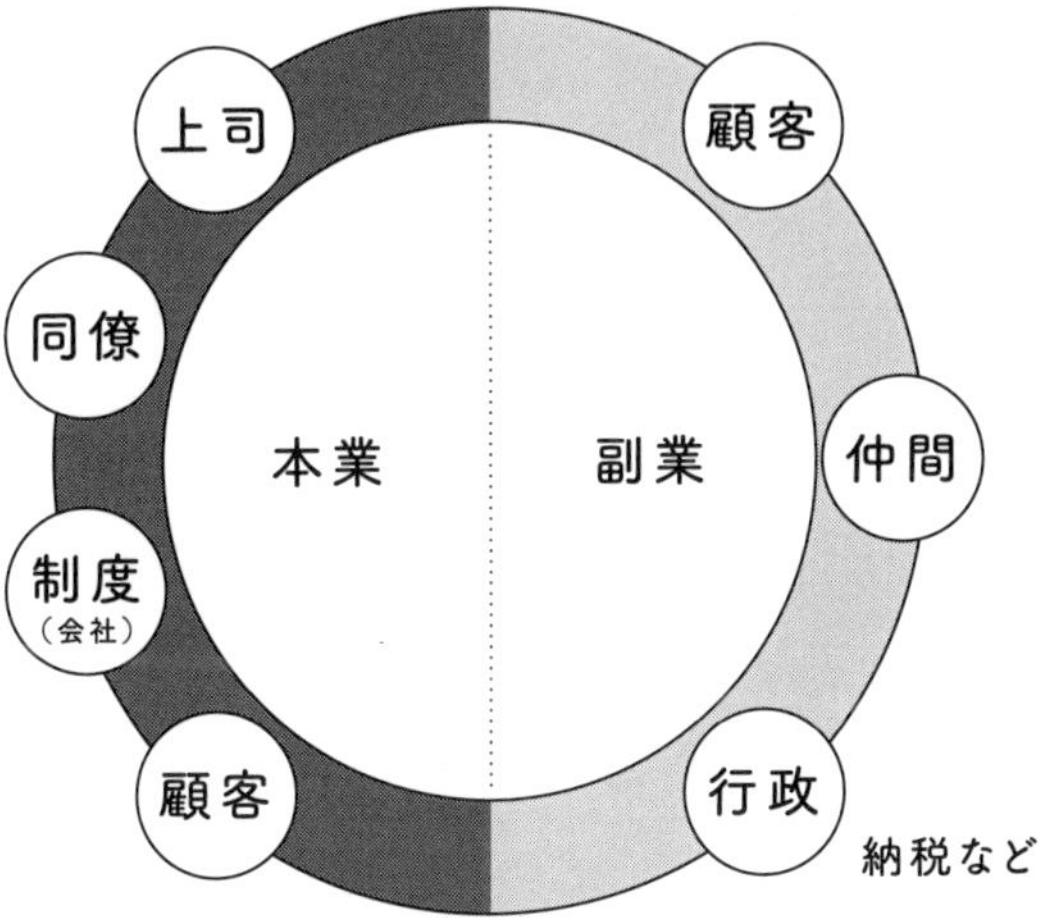

でしょう。

副業起因の部分については、本業に加えて、副業におけるステークホルダーとのコミュニケーションコストが肥大化しないよう、時間などの主導権をある程度は自分で持てる副業を選択することが挙げられます。また、楽しくない副業の場合、継続性が持ちづらくなるため、成長実感が得られるようなやりがいのある副業を選びましょう。

最後に、ある程度の副業の構築ができたとしても、利益なき繁忙に突入して疲弊していては意味がありません。副業の強みを利用し、競合が発生しづらいビジネスを構築していきましょう。

コラム

本業内副業とは ―― 本業での特許収入

本業内副業と聞いて、どんなことをイメージしますか?

本業中にこっそり副業で収入を得ることをイメージする人が多いかもしれませんが、結論はその真逆。**「本務の給与収入ではない収入を本業先から得る」こと**です。

たとえば、本業中に特許などの知的財産に関わる発明に貢献し、その発明の権利を会社に帰属させることで、「本務の給与収入ではない収入を本業先から得る」などが具体的な事例です。

それは、稀な事例だろうと思うかもしれません。しかし、私の友人にも複数の実例がありますし、私自身も現時点で七つの特許を会社に帰属させています。

これからの時代は、仕事の形が部門をまたぐプロジェクトベースに移行していくことが予想されます。私の実感としても、プロジェクトの仕事がここ数年で激増しています。新しいプロジェクトに手を挙げる、もしくは自らプロジェクトを立ち上げる。これらの工程の中で知的財産が生まれ、対価が発生するケースは十分にあります。

また、知的財産での収入とならなくとも、たとえば業務効率化により、本業の残業時間をほぼゼロにまで圧縮させるのに成功できた人なら、自らの意思で新たなプロジェクトの業務を取りにいくこともできるでしょう。会社にとって意味のある残業としての、残業時間分の追加収入と新たな知見を得ることも、広い意味では本業内副業と言えるかもしれません。

最近では、フードデリバリーの配達員など、定時後に取り組めるアルバイトの手段が増えています。しかし「時給」ベースで考えれば、本業の残業時の時給を上回るケースは、きわめて稀だと思います。時給的な観点からも、新たな経験ができるという観点からも、本業を軸とした追加の副収入を得るのは、大きな選択肢の一つです。

本書を手に取ってくださったみなさんの中には、経験の幅を増やしたい、収入を増やしたいという目的でヒントを探している人もいるかもしれません。

これらの目的を達成できるのは、本業外の活動での副業だけではありません。ぜひ広い視野で、自分にとって最も適切な副業のスタイルを模索してみてください。

どの挑戦も自由です。失うものはありません。

第2章

副業構築の
三つのフェーズ

第1章では、副業の失敗例についてお伝えしました。副業も、当然ビジネスですから、成功する保証はありません。一方で、副業を構築できれば、いろいろなメリットを享受することが可能です。

本章では、副業の構築を三つのフェーズに分けてお伝えします。

軌道に乗っても両立できる副業を
――ゴールイメージから逆算する

ここでは、副業構築のゴール設定を「③振り子フェーズ」つまり、「本業と副業相互にポジティブなシナジーが生まれる状態」と定義しています。そのために必要なのが「①模索フェーズ」「②自律フェーズ」です。全体像を51ページの図にまとめていますので、これらを頭に入れながら読み進めてください。

副業が軌道に乗ったときに、副業の繁忙で本業がいままで通り継続できなくなるモデルは、よいモデルとは言えません。副業が軌道に乗ったときにこそ、しっかり継続

●副業構築 三つのフェーズ

Phase 3

振り子フェーズ

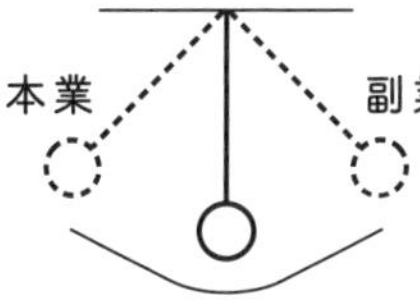

Point 意思のある遠心力とシナジー

- 相乗効果の獲得
- 向かい風への対処法

Phase 2

立ち上げ～2輪自律フェーズ

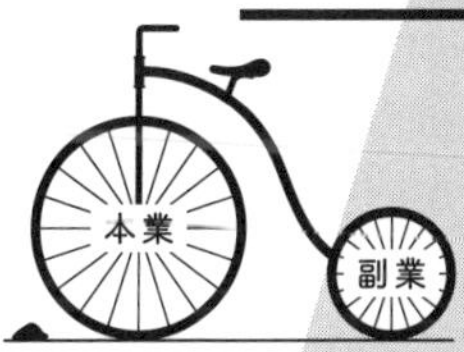

Point 前輪を守り抜く（転倒回避）

- 超高速テストマーケティング
- プロダクトの方向
- 本業との精神バランス
- 本業との時間バランス
- 本務のアロケーション

Phase 1

模索フェーズ

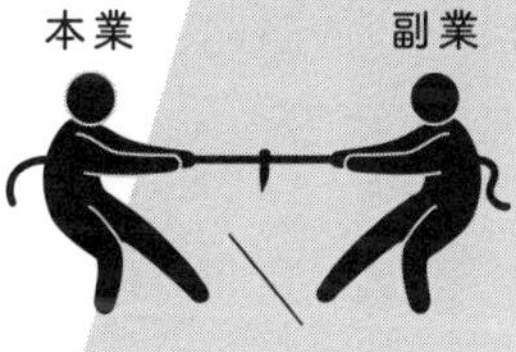

Point 可処分時間＋1次情報の獲得

- 思考習慣の見直し
- 言葉習慣の見直し
- 行動習慣の見直し
- 勝てない副業
- 副業ならではのビジネス
- 打席（トライ）数と多様性
- 1次情報と原体験

できるようなモデルをイメージしつつ、逆算的に構築していく必要があります。

副業の構築
①

模索フェーズ

「現職」か「転職」か「起業」か。

この3択の中で、最も自己成長につながるような経験値を多く積めるものは、どれだと思いますか？

この問いには、「起業」と答える方が多いでしょう。

私自身、失敗も含めてですが、いくつもの新規事業の立ち上げに挑戦をしてきました。そのため、起業によって経験値が積めるのは事実だと感じています。

しかし、現職を辞めて起業に挑戦する場合は、本業の安定的な収入を失うことになるため、リスクも伴います。

また「転職」においても、いまより安定した状態を構築できる保証がないため、本

● 安定度と自己成長度の関係性

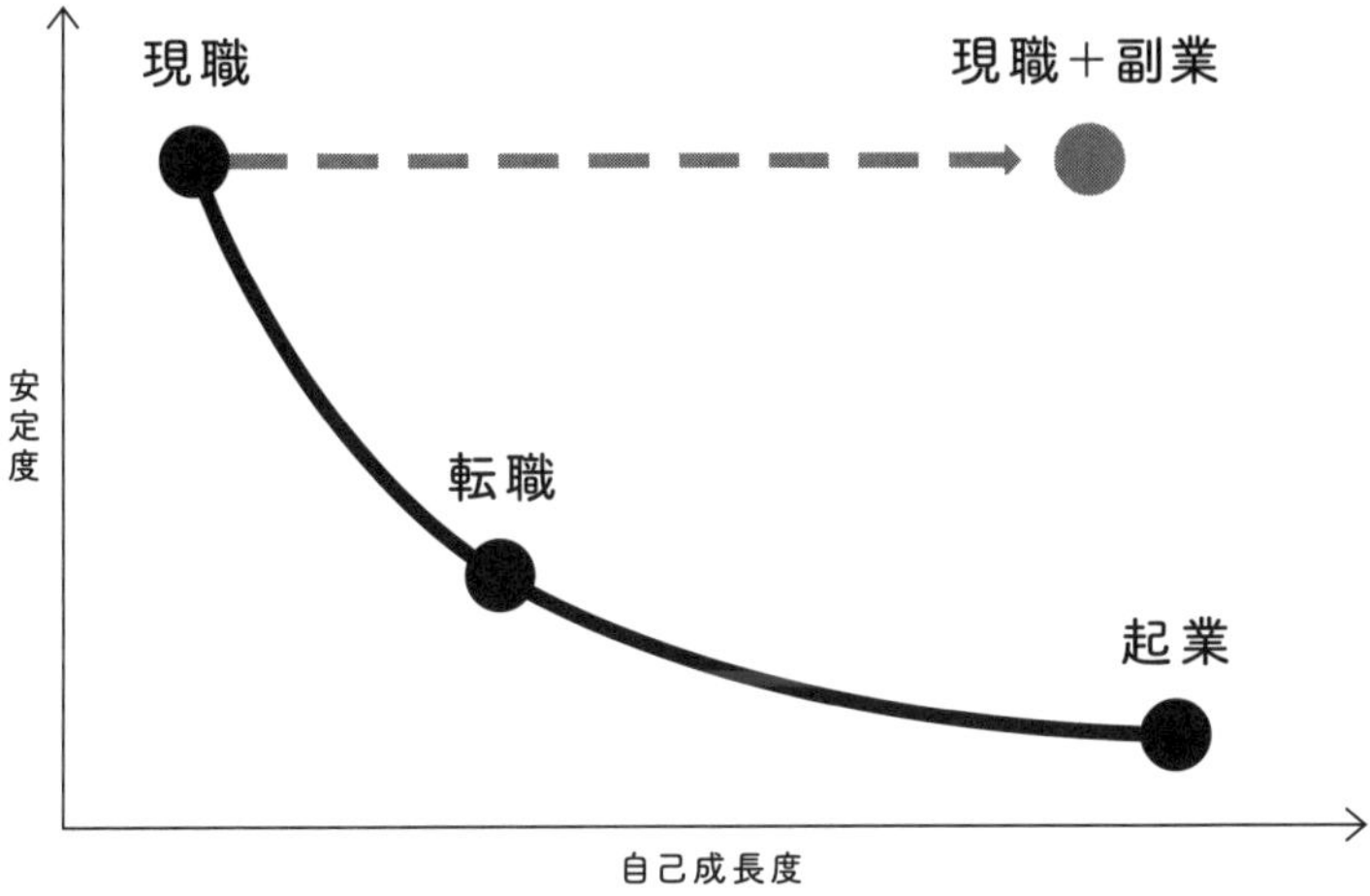

業が安定している人においては一定のリスクが伴います。しかし、現職維持の場合よりも、新しい職場で新しいスキルセットを得られるチャンス、つまり自己成長の機会を多く得られる可能性は高くなります。

このように、安定度と自己成長度（リスク）は、二律背反の状態と一般的には認識されています。

現職のままで、あと何年かすれば次の職位に昇格ができそうだ。そうなれば年収が増え、新しい経験もきっと積むことができるはずだ。よし、もう少し「現職」のままで様子を見よう。

このような、「現職」「転職」「起業」の3択の思考サイクルになりがちではないでしょうか。

ここに**「現職＋副業」という四つめの選択肢を加えると、現職の収入、職位や社内実績を維持したままで、副業での新たな経験値を得ることが可能になります。**仮に副業収入がゼロだった場合でも、経験値という意味ではプラスです。

副業の構築②

自律フェーズ

二つめのフェーズは、本業を守り抜く大切さと、外部環境の変化に強くなるという点です。私は、本業と副業は2輪の前輪と後輪の関係にあると思っています。車輪のサイズは、年収と考えてください。

55ページの図のように、本業のみの場合は1輪車の状態です。路面がきれいな環境では、なんら問題はないのですが、石がごろごろと転がっているようなハードな路面

●本業と副業のバランス

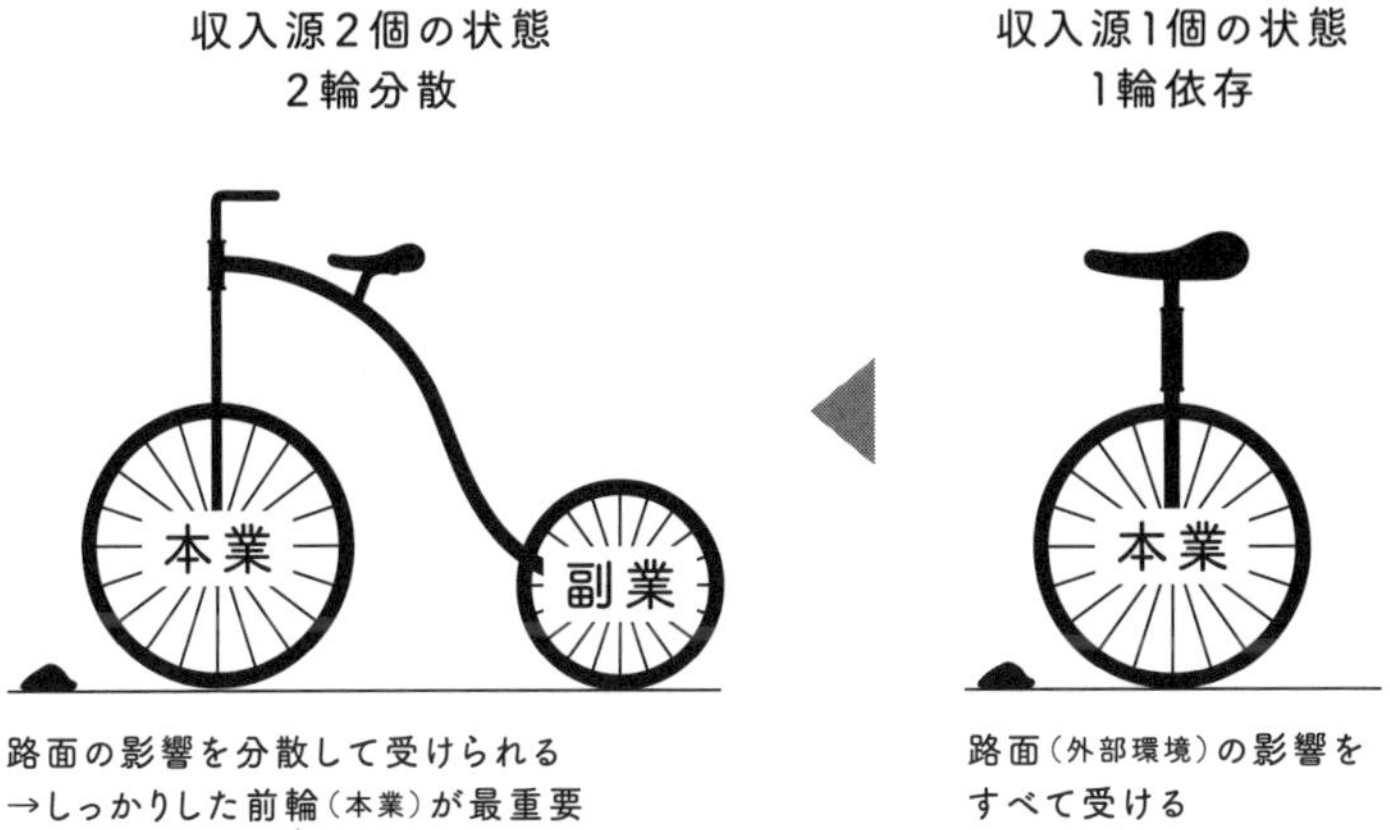

だったらどうでしょうか。路面環境の影響をすべて1輪で受けきることが求められるため、乗りこなすのは相当なテクニックが必要になります。

一方で、副業が構築できている状態は、2輪で走行できている状態です。副業を複数構築できたとすれば、3輪以上の状態となり、安定性はさらに増していきます。少なくとも2輪があれば、路面が悪い状況でも、ある程度の安定性を維持することができます。

ここで路面として表現しているのは、外部環境を意味します。不可抗力の自然災害、社会情勢の変化、新型コロナウイルスなどの感染症、自社や重要取引先の倒産、法改正、上司との性格の不一致、家族の介護……。大小問わず、外部環境の変化は、これからも絶え間なくやってくるでしょう。

第1章でもお伝えしましたが、**副業を構築しておくと、収入ポートフォリオの観点からも安定性が高くなります。**1輪ではなく、2輪以上で前進できる状態を目指しましょう。

では、前輪は副業でしょうか。それとも、本業でしょうか。

大きな車輪を前輪にしていないと、段差を越えることができなくなります。立ち上げ当初から、副業年収が本業を安定して上回るケースになる人は、きわめて稀です。

つまり、前輪が本業、後輪が副業となります。仮に前輪が壊れた、外れた、失ったとなれば、文字通り本末転倒。副業構築のメリットを生かしきるためにも、前輪はしっかり守り抜くことが重要です。

副業の構築③

振り子フェーズ

最後は、本業へのシナジーです。副業の構築に挑戦し、結果として収入の安定化に成功した暁には、そこまでの道のりで得られた経験を糧に、ビジネススキルが大幅にアップしているはずです。ここで、「挑戦の振り子の幅を広げる」という考え方をご紹介します。

ウィキペディアを参照すると、振り子とは「空間固定点（支点）から吊るされ、重力の作用により、揺れを繰り返す物体である。支点での摩擦や空気抵抗のない理想の環境では、永久に揺れ続ける」と定義されています。

子どもの時分に振り子の原理を応用したおもちゃや振り子時計にふれて、その動きを興味深く見つめた経験がある人も、多いのではないでしょうか。

振り子は、左右いずれかの位置から放たれて加速します。その位置が高ければ高いほど、反対側へ向かう際の運動エネルギーは大きくなる。

この関係は、「本業と副業」においても同じことが言えます。副業において、いままでやったことのないことに挑戦し、その結果、副業の何かしらの分野において高いポジションを獲得するとしましょう。

その高いポジションを得る過程の中で、心技体それぞれにポジティブな変化が生まれます。結果、**副業における高いポジションを得た振り子は、もう一方の活動にも好影響をもたらす**のです。

副業をやると「本業がおろそかになるのでは」という心配をされる経営者の方も多いのですが、このステージまで到達した人に限っては、それはないと言い切りたいと思います。

ただ、本人にとって本業での仕事の魅力がなくなった場合には、「転職や離職」を選択するケースもあります。ただしそれは、副業による直接的な影響ではなく、職場魅力度という別の、従来からの問題です。

●振り子理論

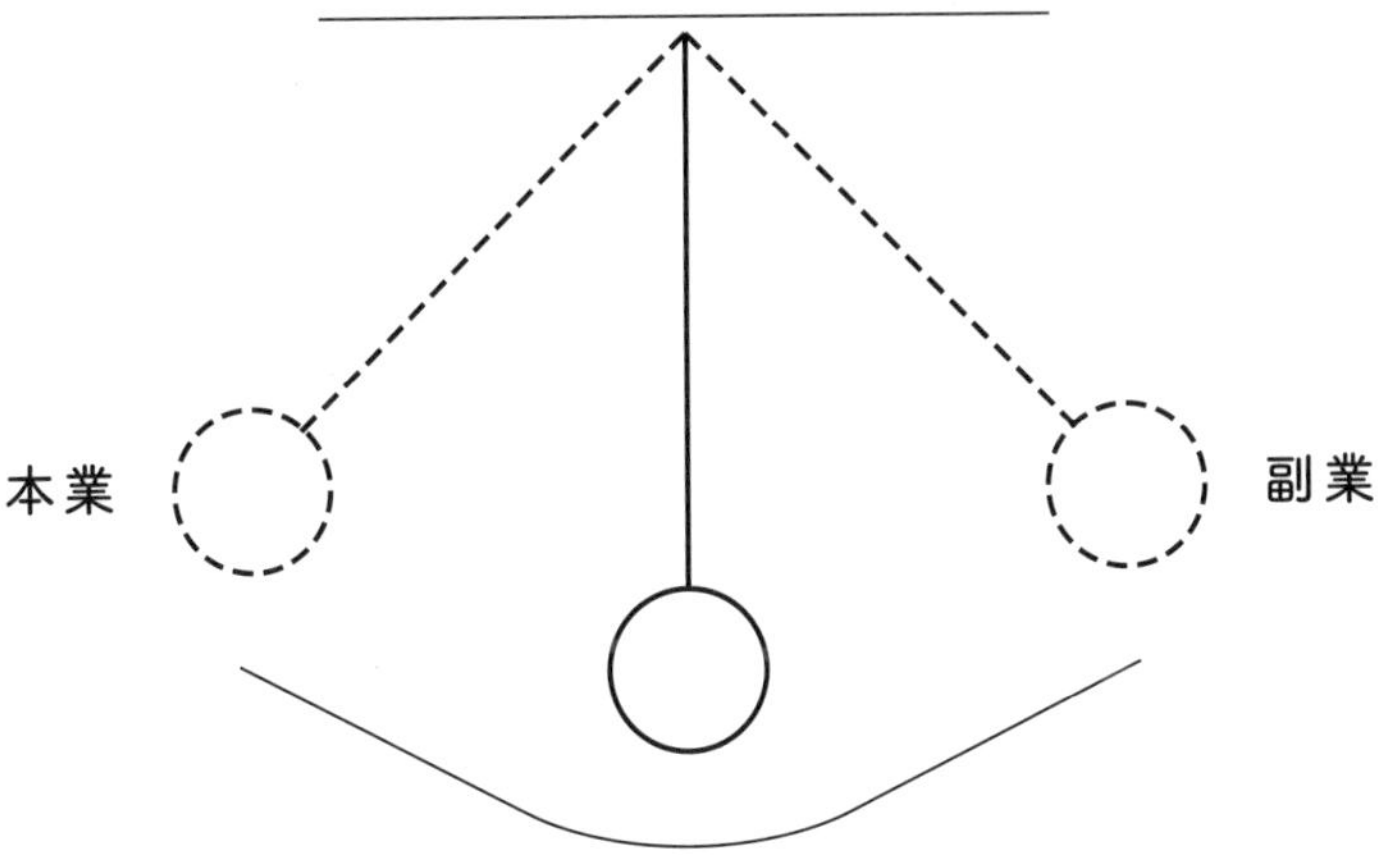

最後に、重要な点をお伝えします。

振り子は、本業に近いところで振っても、振ることができません。

たとえば、マーケティングを本業とする人が副業で別会社のマーケティングを担ったり、不動産仲介を本業とする人が副業で別の不動産仲介を手がけるなど、本業にきわめて近い領域を副業で選択した場合、ほとんど振り子を振ることができないのです。もしくは、その振り子を振ること自体、社会的にもなかなか許容されづらくなります。

仮に、強引に振ろうとすると、ネガティブな風が吹き、振り子は本業側も含めて乱れていくかもしれません。

副業を考えるときには、本業で得た直接的なノウハウやスキルという出発地点から考えがちです。しかし先述の通り、前輪を失ってはなりません。本業側に隠さなければならない副業は、続きません。振り子を自信を持って大きく振れるような副業を、選択しましょう。

「ローリスク」「ローリターン」「ハイインパクト」の会社員は最強の働き方だ

最後に、副業構築で得られる「会社員という最強の生き方」について考えてみたいと思います。キーワードは「ローリスク」「ローリターン」「ハイインパクト」です。

まずは「ローリスク」。

会社員としての本業では、やろうと思えば会社のお金を使ってさまざまなチャレンジができます。仮に失敗しても、給料がゼロになるわけではありません。新しい事業へ参入するときにも、個人としては無借金で取り組めます。

「うちはレガシーな会社で、そんな企業風土じゃない」と思う人もいるかもしれません。しかし多くの会社には、ピンチに際して誰かが新しくチャレンジし、前例を作ってきた歴史があるのではないでしょうか。いま、我々の世代が給与を得られるのは、新たなチャレンジを成し遂げたかつての誰かのおかげです。

私が勤務している会社の社史を振り返っても、そんな変遷が垣間見えます。まったくの異業種とも思える事業へ参入したり、ある事業が落ち込んだときにはこれまでとは異なったアイデアでV字回復を成し遂げたり。

そうしたチャレンジの当事者も、基本的に、個人としてはローリスクであることが保証されていたと思うのです。合意のもと、意思を持って挑戦する人が失敗したとしても、懲罰を加えるような会社は生き残っていくことができません。

とはいえ、「そんなに本業で頑張ってみたところで、劇的に給料が増えるわけじゃないし」と斜に構えてしまう人もいるでしょう。以前は、私もそう思っていました。

たしかに、会社員は自分が生み出した成果をすべて受け取れるわけではありません。評価軸にだって、成果以外の複雑な事情が絡んでいるかもしれない。「ローリターン」ですね。

これはもう、割り切るしかありません。本業の会社とはそういうものなのだと。それでもやはり、**会社の看板を使うからこそ生まれる社会的なインパクトの大きさは魅力であり、会社員ならではの武器**だと思っています。

たとえば私は、社内で立ち上げた新規事業に関してメディアの取材を受けたことがあります。しかし、私が個人事業で立ち上げた会社でこれらの新規事業を実行しても、メディアにはあまり注目されなかったと思います。仮に知ってもらえたとしても、「先進的だね」「すばらしいことだね」と感想を言われて終わりでしょう。

しかし、一定の事業規模の会社の看板のもとで実行すれば、既存事業で関係している多くの企業やメディアの力を借りることができるのです。そして、社会に大きなインパクトを与えられます。

私も「ローリスク」「ハイインパクト」というメリットを最大限に享受するために

現職を続けているわけですが、どうしても「ローリターン」という会社員のデメリットは残ってしまいます。しかし、副業があれば、この対価的なデメリットも補うことができます。

副業に限らずですが、**「対価」は、お金だけではありません。**

自分自身で価値提供できる分野を見定め、実際に顧客の課題を解決して、自己の成長を実感する。このサイクルが回っているので、本業と副業を足して考えても、現在の私は「ローリターン」だとは感じなくなりました。

一部、結果論ではありますが、**私にとっての対価は、新しい人脈や、本業では得られない「高速決断の経験値」を得られたこと**だったと思います。

また、わずかな個人のアセット（資産）だけで副業のビジネスを構築できた人であれば、本業のアセットを活用すれば、さらに大きなビジネスが構築できるでしょう。**挑戦の振り子を本業側でも高いポジションを狙っていくことで、今度は副業側の振り子もさらに大きく振れていく**のです。そんな最強の働き方を始めていきましょう。

コラム

週休3日を実現するための「逆算的」業務効率化で得たもの

趣味であるスノーボードを存分に楽しみたい。常々そう考えている私は、雪質がよくなるハイシーズンの1～3月になれば、木曜の夜に飛行機に飛び乗って北海道へ向かいます。有給休暇をフル活用して、そのまま金曜・土曜・日曜はスノーボードをして過ごします。冬季の私は、アベレージで考えるとほぼ週休3日です。

やはり、必要は発明の母。なんとしても週休3日を確保したいと考えた私は、週5日の仕事を4日で回すために「いままでの125パーセントの生産性で業務を進めよう」と決意しました。この発想で、入社当時から、業務の効率化やパソコンのスキルアップには空いている時間をすべてつぎ込んでも取り組んできたのです。やってみると、なんとかなるもの。もう9年間、冬はこんな生活です。

スノーボードは趣味ですが、同時に棚ぼたのキャッチ率を高めることにつながっているのかもしれません(第5章参照)。気持ちとしては、半分命がけです。

スノーボードの何がおもしろいかというと、天候や自分のコンディション次第で、自分で技が変えられること。そして何よりも、日常の利害関係とはまったく関係のない世界に身を置けることです。

「はじめまして」という会話から、まったく知らない者同士で1日中滑ることも少なくありません。出会ったばかりの人と一緒になって、「いまのジャンプ、よかったよ!」なんて話しながら、意気投合していくわけです。そして、その場限りで終わらず、ずっと続いていく縁もあります。

こうした**利害関係抜きでつながれる関係性をどれだけ持てるか**が、私にとっては人生における一つの価値指標です。

スノーボードをしているときは、会社の肩書きは一切関係ありません。副業をどれだけ頑張っているかも関係ありません。素に戻った一人の人間として周りから見られていますし、私自身もほかの人を同じように見ています。仕事で悩みを抱えているときには、「ああ、つらいなぁ……」なんて思いながら山に行くこともあります。

それでも、見渡す限りの銀世界へきれいに差し込む光を見ていると、自分の悩みなんて小さいなあと思えるのです。圧倒的なスケールで、どんな深い悩みも、人間関係のこじれも押しのけてくれる。すべてをリセットしてくれる。そんな魅力もあります。

そうやって冬を満喫していると、ときには映画の『釣りバカ日誌』シリーズのようなことが起きることもあります。仲よくなって一緒にスノーボードを楽しんだ相手が、じつは超有名企業の経営者だった……ということも実際にありました。

ちなみにスノーボードの練習は、かなり細分化して取り組んでいます。1日に滑る本数がだいたい10本程度なので、「今日は、これができるようになる」と目標を決めてから行きます。

「この技は10本の中で仕上げる」と決めれば、10分割で成長の過程を作らなければなりません。目標から逆算、逆算、逆算の繰り返しです。「最初の1本目は、逆足でジャンプをした状態で空中静止できるようになる」など、すべて逆算しながらプロセスを組み立てていきます。

一つのタスクを消し込んでいくように、「今日のスノボで何をやるか」というメモを作って、実現できたらつぶしていきます。文字にしていたものが消えるというのもまた、快感なのです。

やるべきことや目標は、自分で作る。その上で、実現に向けて丁寧に逆算をしていく。このアプローチは、副業も本業も趣味にも等しく通用するのかもしれません。

第3章

副業の思考法

第2章では、副業の構築についてお伝えしました。本章では、「どんな副業をすればよいか」について、整理していきます。

副業で失うものは何もない
――焦らずに、「周囲」からビジネスモデルを模索する

「何を副業とするか」を考える前に、思い出してほしい一人の少年がいます。2019年5月に「セミの寿命は1週間ではなかった」ことを突き止めて話題となった、岡山県の高校生です。

テレビ等でも報道されていたので、覚えている人も多いかもしれません。私はこのニュースを知って、彼にとても強く嫉妬しました。

彼は、セミの寿命は1週間だという従来の俗説に疑問を持っていました。

「本当にセミの寿命が1週間しかないなら、セミが鳴き始めた夏のはじめの時期には町中が死骸だらけになるはず。でも、実際にセミの死骸が増えるのは、夏が終わりに

近づいてからだ」

　この問題提起に基づいて、彼は検証を始めました。

　捕まえたセミの羽に油性ペンで日付をマーキングし、後日改めて捕獲することで、実際の寿命を確かめていったのです。結果、1か月以上生きていたアブラゼミの存在が確認されています。


　私は彼から「ほら、日本のみなさん、思考停止していませんでしたか？」というメッセージを投げかけられた気がしました。

　世の中で正しいことだと言われている「そういうものである」「そんなもんだ」という俗説を疑うことなく、何も考えずに当たり前のこととして受け入れ、まばたきをするように生きていたんじゃないですか、と。

　そして、私は個人として、とても悔しさを覚えるのです。

　セミにマーキングして検証すること自体は、私にもできたのかもしれない。しかし私は、セミについては目に見える光景以上のことを考えることなく、思考停止していました。

そんなことをやって、何のメリットがあるのか？

いま、そう思った人は要注意です。

きっと彼は、この研究によって、以前に比べ人脈がはるかに増えていることでしょう。普通の人には得られない、一生モノの成功体験や自己肯定感を得ているかもしれません。この体験が、次の大きな挑戦につながるかもしれません。

表層的な対価しか見えていない、損得勘定先行型の思考になっている人は、いま一度、自分と向き合ってほしいと思います。


あの高校生が教えてくれたことは、もう一つあります。それは**「挑戦は自由だ」**ということです。

私たちは会社員である以上、本業においてはどうしても成果を求められます。短期的な成果を積み重ねていかなければ、どんなに斬新な提案をしても「あの人は実際には成果を出せていないから、現実味がないよね」と思われてしまいます。

しかし、本業外の活動である**副業には、成果の縛りがありません**。

どんなに荒唐無稽なことに挑んでも、本業に支障が出ない限りは、誰からも文句は言われないはず。裏を返せば、自分自身のプランと情熱を頼りに動くしかないということです。

新しいことに挑戦したいと考えたとき、目指す理想の状態と現実との差が大きい場合には、本業よりも副業のほうが間違いなく動かしやすいはず。

失敗しても失うものがない副業だからこそ、目先の損得勘定に左右されず、新しいことに挑めるのです。そして、**副業はいつでもやめることができるのも特徴です。**

「戦う副業」回避のススメ

副業における最大のテーマは、「何を副業にするか」です。

これまでお伝えしてきた、本業との相乗効果や時間の使い方などはもちろん大事です。しかし、それも肝心の副業のテーマがあってこそ。

現実問題として会社員の副業について考えると、そこには「向いている領域」と「向いていない領域」があります。これは個人差の話ではなく、あくまでも会社員の一般的な働き方を考慮してのことです。

私自身、かつてはいくつかの「失敗」を経験しました。

本格的に副業開始を検討するとして、あなたは何を重視しますか？

観点はいろいろあると思いますが、「儲け」や「収入アップ」の切り口から検討を始めるのは要注意。何しろ私自身が、それで大変な思いをしたからです。

私は大学生のときから、いろいろなビジネスを行ってきました。そのため、「儲け」や「利益」に対する嗅覚は、自然と鋭くなりました。学業のかたわら副業として、手っ取り早く始められることに注目して取り組んだのがＦＸ（外国為替証拠金取引）と株式投資です。

誤解のないように書くと、私はＦＸや株式投資を否定しているわけではありません。どちらも、ものを買い上げて適切なタイミングで売るというシンプルな構造で、わずかな時間でも取り組めるという意味においては、副業に向いています。いわゆる、不労所得です。

ただ、これが私には合わなかった。最終的には、自分にうんざりしてしまいました。

ＦＸに入れ込んでいたころは、「負けたくない」という思いで逐一、スマホのチャート画面をチェックしていました。気の置けない友人と飲んでいるときにも、数分に１回はスマホを見てしまうほど。

そんなある日、「お金の対価がお金である」ということに気づいてしまったのです。たとえばＦＸだと、お金で買ってお金を売って差で儲けるという……「自分は何をやっているのだろう？」と思ったんですよね。

とどのつまり、自分は社会に対して何ら差分を生み出せていないのではないか。

そんな大きな違和感を覚えて、空虚にも感じました。お金の稼ぎ方が、どうしてもかっこよく思えなかった。

それに加え、大切なはずのプライベートの時間さえ、自分の利益のために大切にできなくなっていることにも、しんどくなっていました。友人と一緒にいる間でも、スマホをチェックして上がり下がりを気にしている……そんな自分がいやになってしまったのです。

結局、さしたる利益を得ることなく、この副業については閉じることにしました。

ＦＸに株式投資、最近では現物資産としての価値から不動産投資にも再び注目が集まっています。それぞれ、副業としての取り組みやすさがあると思います。情熱を持って取り組んでいる人も多いでしょう。

繰り返しになりますが、私はこれらを否定するつもりも、批判するつもりもありません。ただただ、自分には合わなかったのです。

これには、私自身の性格も大いに関係していると思います。始めたからには勝ちたいし、勝つことにこだわって戦うので、全神経を持っていかれるようになりました。

その経験から決めたのは、「戦う副業はやめよう」ということ。また、リソースをかなり割かなければならないとか、常駐しなければならないことも、避けようと考えました。

自分ならではの、自分で値づけができる領域で、自分のペースで、自分の時間設計でチャレンジしたい。自分しかいない世界、という領域と出会いたい。

ニッチな分野で、唯一無二の看板を掲げることで、戦う必要のない副業がしたい。

そんなことを考えるようになりました。

その**大前提となるのは、「人に感謝してもらえること」**です。

戦略という言葉があります。ビジネスの現場でも頻繁に使いますよね。

これは「戦いを略する」と書きます。

つまり戦略とは、「戦わずに勝つこと」であるとも言えます。かの孫子も「戦わずして人の兵を屈するは善の善なる者なり（戦わずして勝つのが最善）」というくらい、脈々と受け継がれている考え方です。

会社の期待や責任を負うことなく、個人で小さく始められる副業なら、超ニッチな分野を攻めることができます。つまり、既存のプレーヤーとの戦いをせずに勝てるチャンスがあるはずです。

私の場合は、アウトルック（メールソフト）の効率化という超ニッチな分野へ切り込んだので、誰とも戦っていません（詳細は88～90ページや第5章でお話ししますが、私が本副業を始めた当時、アウトルックに着目していた人はいませんでした）。勝ち負けを考える必要がないので、価格戦略に悩むこともない。自分が提供できると思う価値から金額を設定し、その価値を顧客へ返していくだけです。

このように、**ニッチな分野を見つけてビジネスをするのは、副業における大切な戦略の一つ**です。

競争回避マトリクス

第1章で、失敗する副業として①隠さなければならない副業、②時間のコントロールができない副業の事例を挙げました（37～45ページ参照）。つまり、副業選びにおい

ては、**隠さずに済む副業であり、時間のコントロールがしやすい取り組みの選定**が前提となってきます。

隠さずに済む副業とは、職場環境・風土にもよると思いますが、理想は多少なりとも「社会的大義が伴う副業」です。自己本位型の副業は、広く理解を得ることは困難でしょう。

一方で、社会的な大義が伴うものは共感を得やすく、協力してくれる人も増えやすくなります。副業は、実際にはまだまだ珍しい働き方なので、社会的な大義のある副業であれば、新聞やテレビなどのメディア受けもよく、メディアへの露出獲得がしやすくなるのも事実です。

次に、時間のコントロールがしやすい副業とは、「売る」までの総工数が少ないビジネスモデルを意味します。

78ページの図を見てください。バリューチェーンで三つのビジネスを例示しています。それぞれ違うビジネスの例のため、良し悪しはありませんが、クライアント別に

●時間のコントロールがしやすい副業

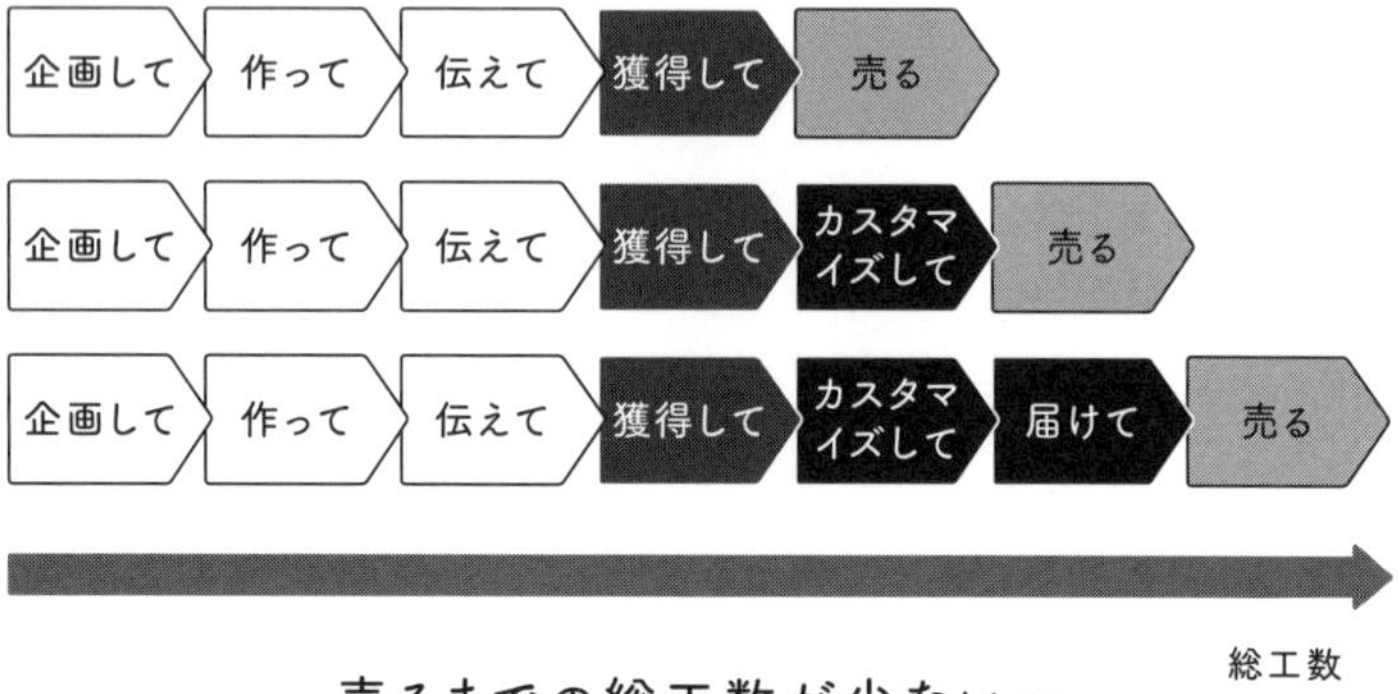

売るまでの総工数が少ない＝
無形物／汎用性大／競争が少ない

カスタマイズを求められるビジネスについては、総工数は当然に激増します。

また、有形物を扱う場合には、「届ける」というステップが必要なケースもあります。各ステータスの管理も必要となり、総工数はやはり増大してしまうでしょう。一般論として総工数が少ないビジネスとは、「無形物を扱い、汎用性が大きく、個別カスタマイズは発生しづらく、かつ競争が少なく、案件獲得のコストも低いビジネス」となります。

次に検討したい点は、顧客の奥行き（リピート性）があって汎用性（カスタマイズ性）が大きいという点です。この言葉

●競争回避マトリクス

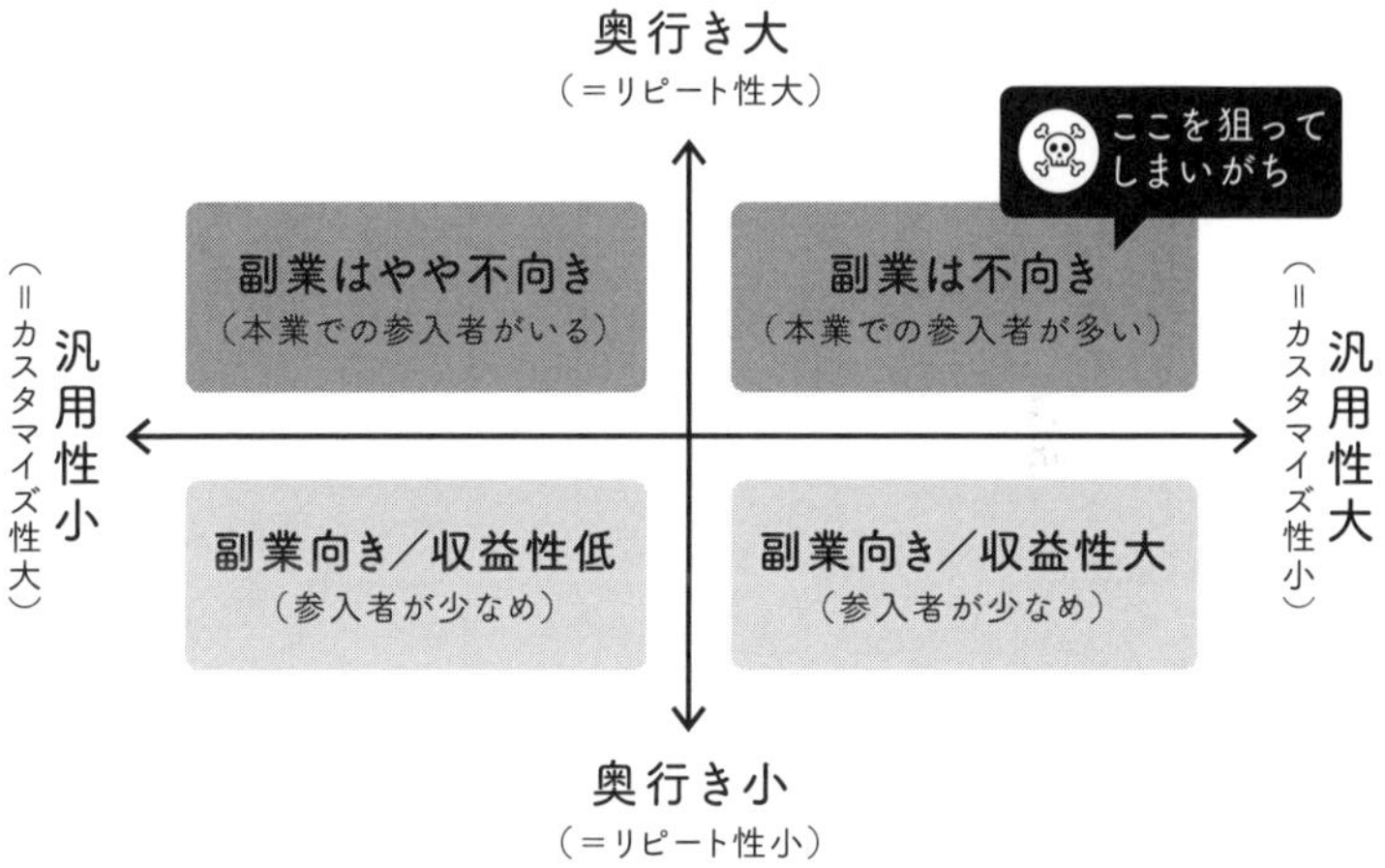

には、副業において付帯条件が付いてきます。

上の図を見てください。

顧客の奥行きの大小と汎用性の大小で、四つにセグメント分けをしています。普通に考えれば奥行きがあって、かつ汎用性が大きいところを狙いたくなるもの。市場規模としても魅力的ですね。

しかし、この魅力的な領域が見えているのは、自分だけではないはずです。この市場には、「本業」としてのプレーヤーがいる可能性が、きわめて高い。ここに副業の立場で挑むのは、活用できる時間を考えても圧倒的に不利です。

あえて狙うならば、マトリクス右下の

「汎用性は大きいが、奥行きは小さい」セグメントになります。奥行きが小さいため、市場規模は限定的です。つまり、本業のプレーヤーには魅力的には見えません。ここを丁寧に狙うことができれば、競争を回避することが可能となります。

76ページで「ニッチな分野を見つける」という表現をしましたが、**私のニッチの定義は、このマトリクスの右下のことを指します。**

では、奥行きについて考えてみましょう。奥行きが大きいという状態は、顧客からのリピート性が高い状態を指します。奥行きの大小において、「職種」には相関関係はありません。

たとえば、プログラマーという職種において、ウェブ系のプログラマーと、いわゆるマクロと呼ばれるVBAのプログラマーについて、比較をしてみましょう。

ウェブ系のサービスには更新が発生するため拡張性が高く、さらに発注元の多くは法人となるため、リピート性も高くなります。

一方で、エクセルなどのVBAであれば、個人との取引になるケースも増えます。作成後のカスタマイズやメンテナンス需要も、ウェブに比較すると大きくないケースが多い（実際にはいろいろなケースがあるので、あくまでも例として）。個人の課題を刈り取り終えると取引が終了になるため、奥行きは比較的小さいと言えるでしょう。

次に、汎用性について説明します。

汎用性が大きい状態とは、「顧客ごとのカスタマイズをほとんどしなくていい状態」のことです。つまり、時間あたりの収益性が高まりやすくなります。

汎用性の大小においては、「職種」と少し相関関係があります。先ほどのプログラマーの2事例は、基本的には顧客ごとにカスタマイズが求められます。つまり、汎用性が小さい状況となります。

しかし、ここをアイデアでカバーができれば、汎用性が大きい状態に昇華させることも可能です。たとえば、「金融業界の『あるある課題』を解決するマクロの〇個詰め合わせ」のような商品まで昇華させることができれば、かなり汎用性が大きくなり、副業における労働の時間単価を上げやすい状態を作ることが可能となります。

もう一つ具体的な例を挙げてみましょう。講師の事例です。

Aさんは「スマホとアプリだけで挑戦！　簡単ピアノ講座」

Bさんは「必ず笑いが取れる！　名刺交換方法講座」

のテーマで副業を選びました。それぞれ、79ページの図のどこに該当するでしょうか。

まず奥行きの観点としては、ピアノ講座のほうが大きいのは明らかです。同時に本業のピアノの先生と全面的に競合することになり、独自の差別化ポイントが求められます。

一方、名刺交換のノウハウは何度も教えるものではありませんので、奥行きはピアノの講座よりも小さくなります。しかし、ここに本業で取り組む人や会社はそうそういないでしょうから、競争回避が可能となります。

汎用性の観点においては、パッケージ化ができればいずれも優れたモデルだと言えます。しかし、顧客のレベルにばらつきがある状態であれば、講座をカスタマイズする必要が出てくるかもしれません。そのため、ピアノの講座のほうが汎用性は小さいと言えます。

よって、Aさんは図の左上、Bさんは、右下に該当します。

すでに自分の副業の実行案がある人は、その副業案を書き出して、この図にマッピングをしてみましょう。そして、そのビジネスアイデアを「右下の領域」に展開する方法を考えてみてください。心の許せる周囲の人にアドバイスを求めてもいいでしょう。これによって、あなたが取り組む副業の中長期的な失敗率を下げることができるはずです。

起業と副業の境界線
——はじめまして。私はこんなことができるのでお金をください

ここまで読み進めていただく中で、「副業というテーマなのに、かなりビジネスライクな話だな」と感じている人も多いかもしれません。

そもそも、「起業」と「副業」をまったく違うものとしてとらえている人が多いのかもしれません。いろいろな起業や副業に何度もトライしてきた私の実感としては、両者は本質的にはほぼ同じものだと思っています（雇われる立場として、本業時給を下回るような副業の場合は別です）。

自らで顧客を見つけ、その顧客の課題解決の対価として収益を得ることが、起業であり、副業でもあります。

ざっくりと言葉で表現するとシンプルですが、実行するのは簡単ではありません。多くのケースでは、初対面の人に自らの商品・サービスを自信を持って説明し、ほかと比較した際の優位性を伝え、さらには相手の信用を獲得した上で、仕事を受注し納期までに納品するという流れを繰り返していくことになります。

副業であったとしても、**「はじめまして。私はこんなことができるのでお金をください」と言い切れなければ、ビジネスは成立しない**ということなのです。

では、起業と副業に違いはあるのでしょうか？　先ほどは「本質的にはほぼ同じ」

と書きましたが、じつは大きく違う点も二つあります。

一つめは、時間です。

副業は本業をやっていない時間での活動となるため、業務のある日であれば、1日数時間、休日であっても8時間程度と、活動が可能な時間にはどうしても限界があります。

一方、専業で起業する場合は、コミットできる時間が大幅に増えます。この観点で考えれば、同じビジネスに取り組むとすると、副業のほうが難易度は高いでしょう。

二つめは、失敗リスクです。

専業で起業する場合、その事業で継続的な収益が得られないと、自身の生活コストを捻出できなくなる可能性があります。相当な自信がなければ起業など決断できない、と思う人も多いのではないでしょうか。

私自身も、専業での起業はリスクが大きく、挑戦の決断はなかなかできません。何より、いままで続けてきた副業のビジネスモデルを、本業として数年後も維持できているとは思えないのです。

一方で、副業の場合は本業の給与が一定金額保障されているため、副業のビジネスにおいてなかなか収益化にたどり着かなかったとしても、大きなリスクはありません。この点で、副業のほうが失敗リスクの観点では有利です。

これらの違いをうまく活用するには、起業的視点を持ちつつ、じっくり時間をかけてでも、副業ならではのビジネスモデルを丁寧に創造していく必要があります。

起業のフレームワーク
――誰の・どんな課題を・なぜ、あなたが解決するのか？

ビジネスを新しく興すときには、次の三つの問いに答えられる必要があります。

誰の、
どんな課題を、
なぜ、あなたが解決するのか？

ブログを始めようかな、YouTubeを始めようかな、ネットの物販がいいかな……。よく周囲で聞こえてくる、副業を検討している人の声です。

これらのやり方を先行して検討しがちですが、まずは誰のどんな課題を解決するかを明確にしなければ、最適な手段を決めることはできません。その上で、なぜあなたがこの課題を解決するかを説明できる必要があります。逆にいえば、この三つの問いに答えられる状況になれば、ビジネスになる可能性が非常に高くなるということです。

88ページの図にあるQ1の「誰の」については、まず自分の日常の動線の近くから考えてみましょう。それも半径50メートルくらいの距離感でよいと思います。自分の原体験、通勤の経路、職場の同僚、家族――。

● 3つの質問

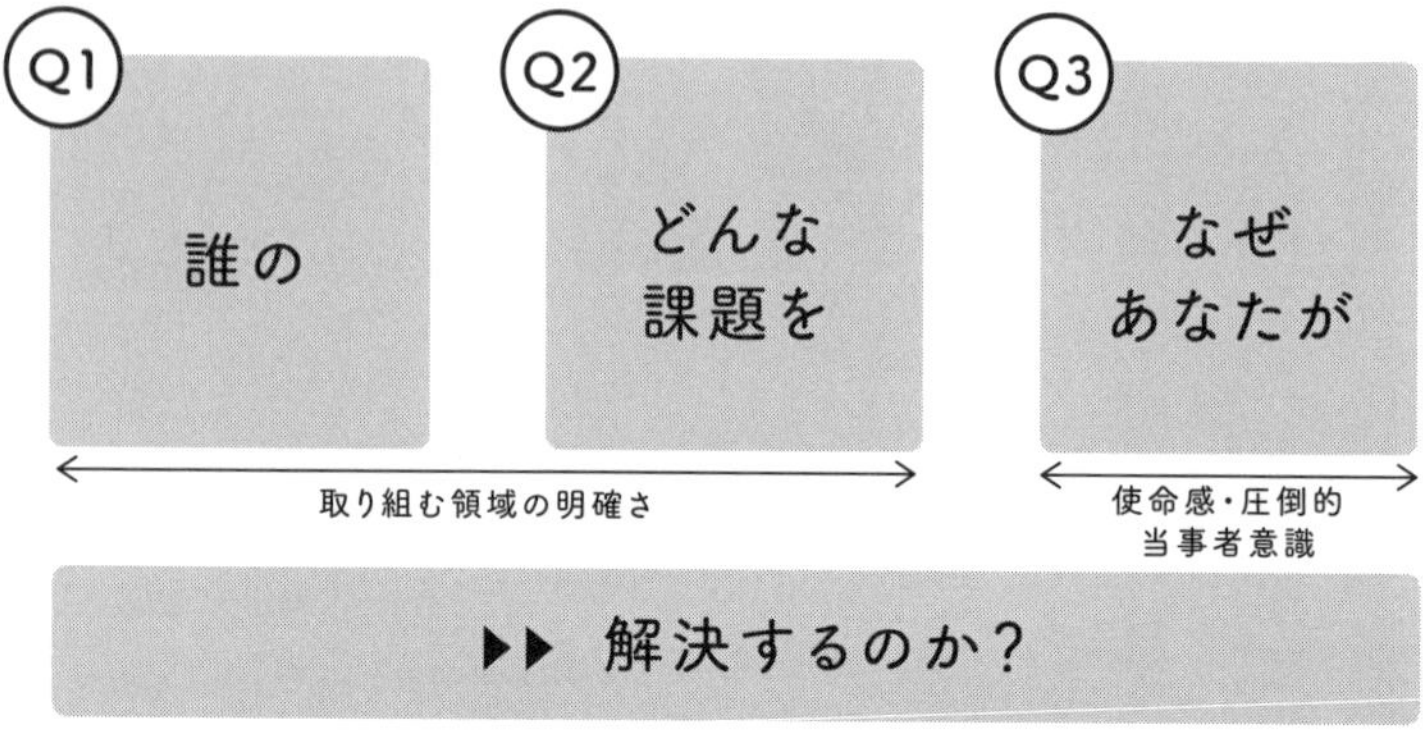

麻生要一『新規事業の実践論』（NewsPicksパブリッシング）を元に作成

日常の動線にはいない、遠くの人をターゲットにするのもいいのですが、課題の解決に向けた仮説検証に時間がかかってしまうため、本業に相当な時間のゆとりがある人を除いては、副業に適したターゲット設定とは言えません。

次に、Q2の「どんな課題を」については、ターゲットが「そんなもんだ」と思い込んでいるような課題を見つけてみましょう。

たとえば、私の副業であるメールソフトの講師においては、「メールに取られる時間はそんなもんだ」「メールソフトを扱うスキルはこんなもんだ」との思い込みが狙った課題です。エクセルの時短ニーズはきわめて高いのに、メールの時短ニーズはない。なぜでしょうか。管理職を筆頭に、1日のうち多くの時間をメールに割いているのに――。

こうした、顧客が「そんなもんだ」と思考を停止させ、流してしまっている課題を見つけることができれば、潜在化したニーズを突くことが可能です。そのため、ビジネスにしたときには価格競争になりづらい構造にすることができるのです。場合によっては市場を独占し、プライスリーダーになることも可能でしょう。

最後に、Q3の「なぜあなたが」については、副業においてはいちばんの難問です。顧客はなぜ、あなたにこの課題を解決してもらうのか？　してもらいたいのか？しかも、本業とは違う立場のあなたに――。

この問いに答えるには、使命感や、それに伴う行動が必要です。メールソフトの講師という副業において、このQ3に対して私は、先述の課題の定義をした上で「数百人の一般会社員のメールの使い方を調査・解析したから」「その中にある、無駄の解決方法を日本で初めて体系化したから」と答えています。

私はごく一般的な会社員ですので、昔からメールの特殊なスキルがあるわけではありません。また、メールソフトを強く愛しているのかと問われると、それも違います。周囲の方の働き方を変えていきたいという使命感のもとに、Q3への答えは、自らの行動で後天的に創り出したものです。

個人に先天的なアセットがあるケースは稀でしょう。しかし、あきらめる必要はありません。使命感と行動で、後天的なアセットを創り出すことは可能です。

年商600万円のきっかけは、街角で女性に話しかけたこと

私の副業の体験は、大学時代にさかのぼります。

ある日、街を歩いていた私は通りで街頭サンプリングをしている若い女性を見かけました。駅前などでよく、広告入りのポケットティッシュを配っているのを見ますよ

ね。あの、何の変哲もない光景です。

よく見ると、サンプリング中の女性の隣には1台の車が停まっています。車内には別の若い女性二人が乗っていて、何をするわけでもなく、いかにも暇そうに携帯電話を眺めているのです。

その光景に違和感を覚えた私は、車のほうへ歩いていき、コンコンとノックして「何をしてるの?」と尋ねてみました（いまにして思えば「真っ昼間からナンパか……」と思われていたかもしれません）。すると車内の女性たちは、「今日はサンプリングの人手が足りているから、私たちはスタンバイなんです」と答えました。

近くには、サンプリングの現場監督だと思われる男性もいました。その人にも「車内の人たちは何をしているんですか」と聞いてみると、「人手が足りているから、待機してもらっているんですよ」と、同じことを言うのです。

私は「どういうことですか?」とさらに聞いてみました。その男性の話は、興味深いものでした。

通常、サンプリングスタッフの募集をかけて10人が集まったとすると、そのうち二人くらいは仕事の当日に現れない、つまり「ドタキャンされてしまう」のだそうです。そのため、いつも二人分を予備で構えていて、そこには無駄なコストが発生しているのだと。「そもそも人間関係がまったくない状態なので、仕方がないと思って割り切っていいます」と男性は言うのでした。

私はひらめきました。

「それ、僕の学生の知り合いから人を集めれば、強い信頼関係があるのでドタキャンされることはまずないし、無駄な人員を待機させる必要がなくなりますよ。一度チャンスをくれませんか？」

そうして私は、サンプリングの現場に友人を送り込むという仕事を作りました。人材派遣業のメンバーのアサイン（割りあて）のお手伝いです。余剰人員を抱える必要がなくなるので、もとの時給に200円も上乗せして、友人に還元することができるようになりました。

友人たちにとっては同じサンプリングの仕事と比較して「割のいいバイト」となり、グッドスパイラルを生み出すことができたのです。最初は数十名だった名簿も、最終的には120名にまでなり、大型案件にも応えられるように。結果的に、私は大学生ながら年商600万円を叩き出していました。

チャンスは、一見すると何でもないような場所に転がっているものです。

あのサンプリング現場の光景を見て疑問を抱き、わざわざ話しかけに行く人は少ないかもしれません。きっと、大多数の人は素通りするはず。でも、それがチャンスを手にするかどうかの分かれ道だと思いませんか。

こうしてエピソードとして聞けば、「ああ、その課題なら自分だって気づけたかもしれない」と思う人も多いでしょう。

ひたすら動いて、日常の動線の中にある課題を見つけ出すことがすべてです。でも、当然自分だけでは解決できないことも多々あります。

そんなときは、「これって、どうやったら解決できますかね」という課題にしてしまう。そうすれば、いろいろな人の考えが入ってきて、解決できることもあれば、解決できなくても違う課題に向かうことができます。

新しい事業は既知と既知の組み合わせ？

どのように潜在ニーズを発見し、そのソリューションになるアイデアを創り出すのか。キーワードになるのは、「既知と既知の組み合わせ」です。

潜在ニーズを探そうとしても、潜在化しているからこそ、顧客に聞いてもそこに解はありません。よって、**アイデアを先行して考えて、顧客に聞いてみる。**このサイクルの繰り返しが、基本的なパターンとなります。

顧客に聞いて、「それ、たしかに困っていた。話が聞きたい！」と言ってもらえる筋を見つけるまで、何度も何度もアイデアを生み出す必要があります。

ここで重要になるのが、新しいアイデアを生み出すときの「部品＝既知」です。よほどの天才でもない限り、完全なゼロベースでのアイデア構築は難しいと思います。通常のケースでは、**自分がすでに知っていることと、さらに別のすでに知っていることとの組み合わせによって、新たなアイデアを構築する**形になります。

つまり、既知の守備範囲がいかに広いかどうかが重要となるのです。

いろいろな意見がある部分かと思いますが、私は本業に近い副業は59ページでも述べたように、避けるべきだと考えています。既知の守備範囲が狭いケースとして、本業がマーケターの人が、副業でも似た業界のマーケターをやるという場面を多々見てきました。

これは、大きな組織に所属しているケースにおいては、本業との利益相反や情報流出を疑われ続けることになり、後々になって本業との信頼関係を維持するための精神的な追加コストが発生することになります。残念ながら、まだまだ副業への理解度が高いとは言えない現状があるため、あと数年はこの状況を避けることができないと思います。

では、本業とは遠い分野での副業を構築するにはどうすればよいのか。

答えは、**本業から遠い分野における「既知」を幅広く獲得し、それらの既知を組み合わせる**ことです。

私の好きな言葉に、「裾野が広いものは頂点も高い」「深く掘るために広く掘る」というものがあります。

どちらも意味は似ていて「既知という裾野を広く持つことができれば、狙える頂点は高くなる」「『狭く深く』は安定しづらいからこそ、広く掘ってから掘り下げるポイントを決めていこう」。このメッセージが、副業には特に当てはまると思っています。

私は、遠い分野の情報を得るときに、新しいビジネスモデルや新しいテクノロジーに注目して薄く広く知識を獲得するようにしています。そのときに「これは、誰のどんな課題を解決するのだろうか？」「自分なら、この技術を何に使うか？」といった問いかけや妄想を何度も繰り返すのです。

たとえば、人間向けの人工冬眠技術が研究されているというニュースがあったとしましょう。ニュースの本題に入る前に、自分の中で「誰の、何のための研究なのか」についての仮説を創り出します。その上でニュースを見ていく、という流れです。**仮説を生み出す過程こそが、自分の中にある既知のカードを引き出し、組み合わせるトレーニングになります。**そのため、仮説が外れていても問題はありません。

また、普段は交流機会のない異業種の人の話を聞くということも非常に有効です。一見、何にもつながりそうにないところにチャンスが転がっているかもしれません。新型コロナウイルス感染症の影響で、いままでは会いにいかなければ話ができなかった人にも、オンラインでのアポイントが取りやすくなったと私は感じています。自分の行動次第では、既知のカードを増やす機会は、すでに新型コロナウイルス感染症流行前（以下、コロナ前）より多くなっているのかもしれません。

副業バナナジュース屋さん、87・7千万円を得る!?

「無形物ビジネスのほうが、時間をコントロールしやすい」とお伝えしてきましたが、有形物でありながら、副業を軌道に乗せただけではなく、大型提携にまで成功した実例を紹介しましょう。

有形物のビジネスは一般的には、仕入れの初期投資が必要になることや、売買差益を得るのに時間差があることで、キャッシュフロー管理が必要となります。また、相場の監視も定期的に必要となるため、性格や本業の働き方によっては向かないケースもあるかもしれません（長期投資資金や初期投資資金が潤沢にあるケースは除く）。

しかし、これらのボトルネックをアイデアで見事に打開した人がいるのです。

新型コロナウイルス感染症で窮地に陥った飲食店向けに、アドオン型のＦＣビジネスを構築して展開した「まがりDEバナナ」前《まえ》田《だ》晃介《こうすけ》さん（本業：ファイナンシャルプランナー、副業：バナナジュース屋さん）の事例です。

前田さんは、新型コロナウイルス感染症に伴い各飲食店がテイクアウトを展開するという「まったく同じ施策」を一斉にやることに、違和感を持っていました。夜の外食産業において、大量の飲食店でシェア争いをするのではなく、「夜以外の時間で、かつ食事以外で」飲食店を支援したほうがよいのではという仮説を立てました。

その結果、どの時間帯でもお客さまが手に取ってくれるソフトドリンクという分野でアドオン型のＦＣビジネスを考案し、構築したのです。

具体的には、飲食店の夜以外の時間帯に、「まがりDEバナナ」の看板名の通り、「間借り」してバナナジュース店を展開します。これによって、食事のテイクアウトだけでは踏み込めなかった市場への参入を可能としました。

ここまでであれば、「飲食店がこのビジネスモデルを模倣して、ＦＣ加盟せずとも自ら実施すればいいのでは？」と思いますよね。しかし、彼のアイデアの価値はこの先にあるのです。

通常、ＦＣ加盟時には加盟料が必要ですが、前田さんは立ち上げ当初の飲食店の現状を踏まえて、加盟料を一切取らずにノウハウを提供しました。容器の仕入れやメニュー開発などのノウハウの構築には、時間がかかります。そのため、収益化を急ぐ飲食店側にとっては、この時点でも加盟のメリットがあります。

さらに、SNSや雑誌などに登場し空中戦を仕掛けることで、一つの飲食店では困難だった複数のメディアへの露出も獲得をしていきます。

では、どうやって前田さんは収益化をしているのか。答えは、バナナジュースの容器にあります。容器にロイヤリティを入れて販売するのです。

売り上げに比例して容器が注文されていくので、飲食店に大きな初期投資は必要ありません。前田さんも、売り上げに比例した容器の受発注を行うため、在庫を常時抱える必要はありません。バナナの仕入れ自体は、仕入れルートや管理ノウハウを持つ飲食店が行います。

前田さんの本職がお金のプロであるからこそ、幅広い収益構造の選択肢の中から、一見リスクが高く見える分野でも、顧客も含めてリスクを下げる方法を構築することが可能になったのです。そして、強烈なスピードでサービスを構築していきました。

ビジネス開始からわずか1年2か月で100店舗に到達する見込みとなっており、これは「いきなり！ステーキ」の100店舗到達の日本記録である2年8か月を上回るペースとなっています。

結果として、前田さんの元には、このまがりDEバナナ事業の提携の提案が寄せられました。最終的には87・7千万円（バナナ）での大型提携に成功するという、最後の最後まで「そんなバナナ」と感じさせられる事例となりました。

本業とはまったく違う分野で、前田さんは、なぜこんなミラクルを実現できたのか。その要因を考えてみましょう。

まずは、本業と同じ金融の分野での副業を探して収益化を目指すのではなく、金融に限らない、いろいろな業界に対しての「既知」のカードを多数保有していたこと。

さらに、そのカードを引き出し、掛け合わせる力があったこと。最終的にはいままで本業で培ってきたお金の知識をさらに掛け合わせることによって、汎用性と実現性を高めました。

そして何よりも、新型コロナウイルス感染症で激変する飲食店が置かれる環境変化を、まるで自分の体に起きた異変であるかのように当事者意識を持ち、潜在ニーズを探し、仮説検証を進めていったこと。このサイクルを愚直に素早く回す行動力こそが、成功の要因だったのではないでしょうか。

「好きなことを強みにせよ」という呪縛を捨てる

「副業」や「働き方」に関する世の中のトレンドを、改めて見渡してみてください。

「好きなことを強みにしよう」
「向いていることを武器にしよう」

一見これらは正しい考えのようにも思えるのですが、突き詰めてみると、「めちゃくちゃしんどい考え方だな」と感じませんか？

好きなことしか強みにできないとなると、自分のいままでのカードのみが対象となるため、自ずと限定されてしまいます。自分の好きなことはわかっているとして、それを強みにできなかったら？　この時点で「詰み」ですよね。

「好き」は、自分の中にある相対的な強弱でしかありません。他人から見たときには、あなたの「好きなこと」と「強み」はまったく関係のないものです。

偶然にも、「好き」が「強み」と合致してうまくいく人は最高でしょう。

でも、そうではない人にとっては、「結局、私には好きなことも強みもないんだよね」と、自分を責める要因になってしまう考え方ではないかと思うのです。

また、自分に向いていると信じていることは、そもそも本当に向いているのでしょうか？

向き不向きは、自分がいろいろなところに行って、やって、比較して初めてわかることです。それに、ほかの人から見た場合には「向いていないよ」と思われてしまうことも、意外とたくさんあります。

そもそも普通に生きている限り、自分の好きを強みに昇華できるようなネタは、そうそう見つかるものではありません。

私はこの観点においても、**「自分の好き」よりも、世の中にある「解決すべき課題」に目を向けたほうが手っ取り早いし、楽だと思っています。**

その課題を解決しようとして自分のパズルを埋めていくと、初めて大きな大陸になる。これが、結果的に強みになっていく。

これから忙しく動いていただきたいのは、**自分探しではなく、課題探し**です。

個人をおもしろくするのではなく、社会をおもしろくすることです。

その過程で重要なのは、身近な世界に目を向けること。

いきなり「世界の貧困問題をなんとかしよう」と考えても、アイデアはなかなか浮かばないかもしれません。でも「職場の隣の席の人が困っていることを、なんとかしよう」などと考えれば、いまの自分にできることが思いつくはずです。

この人に何をしてあげれば、「本当に助かった、ありがとう」と言ってもらえるのか。半径5メートルの課題解決からスタートし、10メートルに広げ、もっといけるなと思うなら1キロメートルに広げて……。

このように動いてきた結果、私はいま3冊めの本を書いています。半径100キロ、1000キロ、1万キロの人へも広げたいと思ったからです。

でも、いきなりは難しい。急に遠くに行こうとすると、現在地さえ見えなくなってしまうかもしれません。

さらに言えば、このようなアクションを取るなら、会社員が有利なのです。

会社員の強みは、9時から18時などの定時に縛られた日常生活の中でさまざまな人と出会い、さまざまな課題とその現場を自分の目で見られることです。そして、ときに不合理さも含めて、「一般常識」として括られる世の中の価値観を、しっかりと理解していることです。

会社に所属していることは、職場課題や社会課題を見続けられるということ。つまり、会社員であり続けたほうが、会社員という人数的マジョリティの「いま」を把握しやすい。これは、起業家やフリーランスの方には見ることのできない、じつは特別な景色なのです。

私自身も、パソコンやキーボードが好きだから、いまの副業をやっているのではありません。世の中に体系化されたソリューションがなかったから、たまたまやっているだけです。

内発的な動機からではなく、「課題がある」と発見し、解決できるかもしれないという自分がたまたまいたから副業を始めた、と言うのが正しいのだと思います。

それに、教えてもらう立場からすれば、単にパソコンに詳しいマニア的な人よりも、企業勤務経験があって「会社にはこんな意思決定ルールがあり、それに基づいてメールを使っている」というリアリティを語れる人のほうが、説得力があると思いませんか。

コラム

副業の準備運動としての「サンカク」

副業は、いまの会社にいながら外で「実戦経験」を積むことができます。自分次第で、いろいろな打席を取りにいくことができる。そこで得た経験や人脈を、キャリアアップにつなげられる。つまり、はしごにできるのです。

とはいえ、仕事上で課題が思いつかない場合や、自分に自信が持てない場合はどうすればいいのでしょうか。一つのヒントになり得るのが、「サンカク」です。

「サンカク」は、勤めている会社の枠を越えて社外の仕事を「体感」し「挑戦」できる、社会人のインターンシップ参加サービス。リクルートが運営していて、私も以前はよく利用していました。

ここで何をしていたかというと、自分のアイデアをその場でブレスト（ブレインストーミング）して、評価してもらっていたのです。うまくいくと「うちに転職しない？」という連絡が来るかもしれません。

その行為自体には、当然収入はありません。しかし、ある意味ではその場で「自分を売っている」のです。そうすることによって私は、実戦経験とともに、自己肯定感を得ることができました。もしかしたら社内だけではなく、社外で活躍する道もあるかもしれないという感覚を、そこで同時に得ました。

当時の私は、自分が身一つでお金なんてもらえるはずがないという先入観に縛られていました。でも、このサービスを利用して身一つで外に飛び込み、「君いいね！」「君がほしい」と言ってもらえるという経験を通じて、少しずつ自分の中の氷を解かしていくことができたのです。

副業は、自分が商品であり、自分を売る仕事です。

その事実を裏づけるように、お金以外の対価という意味で「自分を売りたい」という人が「君がほしい」と声をかけられ、取引が成立するのを見てきました。

「サンカク」に限りませんが、「社外での仕事で対価をもらえるかもしれない」と実感できるこのようなステップを踏むことは、とても重要だと思います。

第 4 章

本業＋副業を両立させるための時間の作り方と思考法

第3章では、どんな副業をすればよいかについて、お伝えしました。本章では、副業の課題発見から仮説検証に必要な時間を確保するアイデアと、本業と副業を両立させるための考え方について、お伝えしていきます。

最大10個の「既知」を追加する

一つの分野の「既知」のカードを追加で獲得するにあたって、必要な時間はどれくらいなのでしょうか？

『Personal MBA――学び続けるプロフェッショナルの必携書』（英治出版）の著者である、ジョシュ・カウフマン氏の研究によれば、**「20時間あれば一般的な水準までは到達できる」**と分析しています。

たしかに、私が競技として打ち込んでいるスノーボードでも20時間を割き、かつ意思を持って練習すれば、完全な初心者でも、ある程度、滑走が可能になる水準まで到達する実感があります。

ウクレレやプログラミング、動画編集、統計、コーヒー、バドミントンなど、いろいろな分野の既知のカードの獲得コストも同等に20時間と考えると、少し気が楽になりませんか。

周囲の人の課題を模索するとき、その課題分野が得意領域ではなかったとしても、「深掘りしてみると、おもしろそう」「可能性がありそう」と感じたならば、20時間を当ててみましょう。

その課題解決に必要なものは何か、もっと潜在化した課題はないか、それらのソリューションは世の中に存在するのか、どうやったら構築できるのか……。実際に行動すれば、あるタイミングから、解像度が高く見える瞬間が訪れます。

仮に今回の課題が直接的な副業につながらず、副業の構築に失敗したとしても、今後の人生のどこかで活躍してくれる「経験資産」となります。決して無駄にはなりません。


では、副業というビジネスを成功させるにあたって、このサイクルを何回転させればよいのでしょうか。

調査によっても異なりますが、新しいビジネスの失敗確率は約9割と言われています。つまり、10打席分挑戦すれば、1回はヒットする計算となります。副業においても同様でしょう。

最大10個の既知を獲得し、打席に立つことで、確率上、一つは副業が構築できることになります。

時間は誰にでも作ることができる

では、20時間×10個＝最大200時間の可処分時間を追加で生み出すには、何が必要なのでしょうか。1年でこれを実行するなら、1日平均約30分。半年で実行するなら、その倍の約1時間の可処分時間が追加で必要となります。

副業に限らず、恋愛にせよ、育児にせよ、趣味にせよ、活動を充実させるための最大の要素は可処分時間です。

この本を手に取ってくださっているあなたは、いかがでしょうか。自分自身の可処分時間について、考えたことはありますか？　時間を生み出すための三つの視点を、いま一度、見直しましょう。

一つめは、通勤時間。

自宅と会社の往復に毎日1時間、年間250日出勤しているとすれば、1年で250時間を通勤に費やしていることになります。日に換算すれば約10日間にも相当する時間が、通勤に消えているとも言えます。

2020年以降には、新型コロナウイルス感染症の影響でテレワークが普及しましたが、通勤時間がなくなったことを大きな価値としてとらえた人も、少なくないでしょう。

この250時間を、どのようにデザインしていくべきでしょうか。

人生とは、自作自演のドラマのようなもの。そのドラマを、もっともっとおもしろくするためには、まず自分自身が何に時間を使っているのかを振り返る必要があります。視聴者としてドラマを観たときに、通勤に費やす1時間はきっとおもしろいとは言えないはずです。

どんなドラマにも欠かせない盛り上がり要素と言えば「主人公の変化」であり、「成長」でしょう。その成長のスピードを最大化するための時間配分を、考えるべきです。

通勤時間は、わかりやすい要素ですよね。

ときに、テレワークに挑戦してみる。

あるいは、思いきって職場の近くに引っ越しをしてみる。

いずれも簡単な選択肢ではないかもしれませんが、人生に劇的な変化をもたらすことは間違いありません。私は、オフィスの快適な環境で働くことが最も生産性が高いと感じるので、会社からわずか30秒の場所に居を構えています。つまり、通勤に消耗する時間は1日あたり1分です。

二つめは、**業務効率を徹底的に上げること。**

そして三つめは、**業務に忙殺されない状態にもっていくこと。**具体的には、より優先順位の高い仕事を自ら作り出すことです。

時間を作ることを考えても、この二つめと三つめを同時に着手する人は、ほとんどいません。その中でも、特に三つめの仕事の優先順位を塗り替える内容を自分で作ることが、視点としてスコーンと抜けています。

優先順位を塗り替えるというのは、具体的に言えば、自分に課せられていた仕事を人にやってもらうということ。

たとえば「新しいサービスを私が開発する必要があります。これを私は半年以内に組み立てます。それにあたって、この業務とこの業務は誰でも効率よく行える状態にしたので、誰かに渡してもらえませんか」と上司に話し、別の人に仕事を任せる、ということです。

人に仕事を投げるという意味では、「そんなことがあっていいのか」と思う人もいるかもしれません。

しかし、自分がやりたいこと、やるべきことがあるときに、誰がやっても問題がない仕事であれば、誰でも回せる状態にした上で、より優先順位の高い仕事を作り出し、自分がハンドリングしやすい仕事の形態にするのは、組織全体で見たときには、何ら悪いことではないと思いませんか。


多くの人は、与えられた仕事をダウンサイジングすることに徹しがちです。しかし、一般的な企業では業務効率を圧倒的にダウンサイジングしたら、また新しい仕事が与えられます。「次はこれもやってみようよ」と。

だいたい、このスパイラルになるでしょう。

ダウンサイジングに成功できる人は、ルーティンワークの汎用化や一般化もできるはず。そのため、次にやるべき行動は、会社にとってより優先順位が高い仕事を作り出すことなのです。

独自性の高い仕事を自らで作り出すというステージへ進めれば、可処分時間は大幅に増えるはずです。

1秒を笑う者は1秒に泣く

圧縮できる時間は、仕事だけではなく、日常生活の中にもたくさんあります。

たとえば私の場合は、自宅の洗濯乾燥機の真下に、そのまま服を収納できる場所を作っています。部屋の掃除やカーテンの開閉は自動化しました。鍵を施錠する時間もカットするため、後付けのスマートロックをつけました。テレビやエアコンなどのスイッチも音声やスマホだけで操作できるようにしています。

つまり、すべての動線に無駄が生じないよう、徹底的に合理化しているわけです。人からは「そこまでしなくても……なんてせっかちな」とよく笑われます。

しかし、こうして削り出される1秒が、私にとってはとても重要なのです。お客さまとの約束の時間に追われながら、あわてて駅へ向かうこともあります。誰しも、目の前で電車の扉がプシューっと閉まって悔しい思いをした瞬間があるでしょう。

このわずか1秒に間に合わないことで、次の電車がやってくるまでの5分、10分をロスしてしまう。そうしたロスの積み重ねは、馬鹿にできません。1円を笑う者は1円に泣くと言いますが、まさに「1秒を笑う者は1秒に泣く」なのです。

「その1秒をけずりだせ」

これは、箱根駅伝でおなじみ東洋大学陸上競技部のスローガン。このスローガンを耳にして、私はハッとしました。

1秒を大切にするようになると、日々の行動が変わります。

私は、電車に乗り込む際の位置にもこだわります。よく使う駅であれば、目的の出口から考えて最短距離になるのは、何号車なのかもわかりますから。

私が1秒の意味を真剣に考えるようになったきっかけには、身近な人の存在がありあます。その人は生まれつき心臓に障害があり、幼いころから何度も集中治療室を出入りしています。ときに、私の数倍のスピードで人生の時計が進んでいく様を見てきました。

可処分時間とは単なる時間ではなく、自由に自分のやりたいことをやる時間です。長い入院生活の中、彼に「何をやりたい？」と聞いたら、「自転車に乗って風を感じたいな」とぽつりと言いました。しかし、この願いはなかなか叶わない。病院で長い時間を過ごしていても、そのほとんどは彼にとっては可処分時間ではないのです。自由に使える時間があれば、いろいろなことができるのに……。

その思いをひしひしと感じていた私は、子どものころから時間の大切さを教えられ、刻み込まれました。私にとっての1秒は、その人にとっての2秒にあたるのかもしれない。1時間なら2時間に、1日なら2日に、1年なら2年に相当するのかもしれません。

だから、私は今日も1秒単位で可処分時間にこだわり、その1秒を削り出してでも、自分のものにしているのです。ここに対するストイックさは、本業と副業の両方を同時にこなす上で絶対に必要だと思っています。

自分に足かせをどこまでつけられるか

いま現在は副業をしていないという人も、「もし自分が副業をしているとしたら」とシミュレーションしてみてください。あえて、自分に時間の足かせがついている状況を考えるのです。

たとえば、17時45分から副業のアポイントがあるので、いつもは3時間残業しているが、17時半には会社を出なければならない。そんな強烈な目標を掲げたときに、あなたはどう考えますか?

これはもう、仕事を効率化するしかありません。ここで3時間作ることができれば副業できるのに……と考えているうちは、時間を作ることはできません。

強烈な目標を掲げたとき、自分自身の日々の時間の使い方が大きく変わることを、イメージできるはずです。この具体的なイメージが、発明の母になる可能性もあるのです。

そして、生み出した時間を本当に有効に使うためには、常に客観的に自分を見るという力を鍛え続ける必要があるとも思います。

私自身、残業ばかりしていたころは、自分に足かせをつけるイメージで働き方を棚卸ししました。大量の残業を必須としていた月初の業務に対して、「2割効率化しよう」といったレベルの低い目標ではなく、「5分で終わらせる」という強烈な目標を設定したのです。ときに、無茶な目標設定でしか生まれないアイデアもあります。

以前、私が任されていたバックオフィスの仕事では、似たようなメールを大量に作成し、日々送信していました。しかし、それを自動化することで、自分自身の可処分時間が劇的に増えたのです。それがアウトルックの使い方の改善手法にもつながり、ほかの人の課題を解決するソリューションへと進化していきました。

そう考えると、**会社員の場合は「自分の働き方を変える工程」そのものを売り物にできる**のかもしれません。月200時間働いている人が、月100時間で同じアウトプットを出そうと考え、その強烈な目標を現実に達成できたとしたら……。

きっと、ほかの大多数の会社員に役立つソリューションを生み出せているのではないでしょうか。なぜなら、会社員の働き方は業界や会社による差はあるものの、本質的には似ているから。

上司がいて、会議で物事が決まるという意思決定プロセスは、多くの会社に共通していますよね。そうした環境で可処分時間を無駄にしてしまう落とし穴は、どこにあるのか。

自分なりに考えて動いた結果が、多くの人の課題を解決する新商品に化けるかもしれません。

業務効率化のコツは自己否定！

可処分時間を、いかにして増やすのか。

どうすれば、自分自身の働き方を改革できるのか。

高い目標を掲げても、具体的な方法を考えれば考えるほど「何をすればいいのかわからない」と気が滅入ってしまう人もいるかもしれません。

でも実際のところは、そんなに大層なことではありません。働き方改革と言うと、どうしても大枠でとらえ、長い道のりをイメージしてしまいがち。しかし、生産性とは、あなた自身の人生における**1秒1秒の使い道の集合体**で成り立つものでしかありません。

私がせっかちと言われながらも、あらゆるものを自動化するように、「1秒をいかに削り出すか」にこだわっていくしかないのです。

では、会社の中で1秒1秒を削り出しやすい瞬間とは何でしょう。

職種によって差はありますが、おおむね**「パソコンをさわっている瞬間」**ではないでしょうか。

そう考えると、パソコンを動かす指や、各種ツールを活用する1秒1秒を変えることの重要性に行き着くはず。だからこそ私は、自分のためにも、徹底的にショートカットキーを研究してきました。

ショートカットキーとは、「ショートカット」の文字通り、生産性の高い操作であることを意味します。逆に言えば、ショートカットキーを使っていないのは、生産性の低い操作をしているということです。

私はよく「あなたは『遅延操作』をしている」と言います。マウスに依存している状態は、それだけで遅延を招いているんですよね。

「泥臭い話だなあ」と思うかもしれませんが、パソコンを操作する1秒は本当に馬鹿にできません。遅延操作を改善していくことで、どんどんグッドスパイラルが生まれていくのです。

だから、「かっこいい働き方改革」にこだわらないでください。

まずは、「指の働き方改革」から。とことん自己否定した上で、パソコン操作から見直してみてください。

しかし多くの人は、それ以外の部分に注目しがちです。「会社の意思決定が遅い」「上司が無能」などと言って、すぐ他責に転じてしまう人も少なくありません。でも、会社の意思決定構造が変わったり、上司が優秀な人に変わったりすることで、自分の人生の可処分時間がすぐに増えるのでしょうか。

それよりも手っ取り早いのは、自分自身の働き方の時間の構成比を棚卸しして、どこで時間を取られているのかを認識し、自己否定し、改善すること。そして多くの場合、無駄な1秒が積み重なっているのは、パソコンを使っているときです。

私がここまでパソコンの働き方改革を力説するのは、その重要性があまりにも理解されていないと感じるからです。

研修で、私はよく受講者に「1日で最も使っているパソコンソフトは何ですか？」と尋ねます。回答で多いのは「エクセル」です。しかし、重ねて「メールソフトはどうでしょうか？」と聞くと、ほとんどの人は「あ、そうか」と気づくんですよね。メールソフトはほぼ1日中、半永久的に動いていますから。

そう言われると当たり前のように感じるかもしれませんが、自分の働き方を俯瞰するのは、案外難しいものなのだと思います。それをしっかり棚卸しできれば、宝の山が見つかります。

働き方の中で変えられるもの、改善できるものは宝です。泥臭く1秒ずつ改善していけば、年単位ではどれだけの時間を生み出せるか計り知れません。

私自身はパソコンの働き方改革を続けてきた結果、3年前の自分と比較して、一人で三人分の仕事ができるようになりました。実感値としても3倍の時間を操れるようになっています。

仕事のスピードを上げるのは、とてもおもしろい。早く帰れるし、副業も含め、ほかのことに時間を使えるようになる。誰でも、いまより効率的にパソコンを使うことができるはずなので、ぜひやってみてほしいです。

私もいまだに、どうやったらさらに効率が上げられるかを常に考え、実際に試行錯誤を日々続けています。仕事のフローを変え、生産性を上げること自体が楽しくなってしまったのです。

一方で、考えをまとめる時間や企画書等を書く時間は、どうすればいいか。

邪道かもしれませんが、「考える」仕事については、外にいるときに取り組んだほうがまとまりやすいと思いませんか。

たとえば、通勤途中や移動時間、打ち合わせ前後の待ち時間を使うと、時間が限られている分、脳みそがあちらこちらに動き、アイデアがひらめきます。かっちりとした企画書を書くのは難しくても、スマホのメモ機能に箇条書きにしておけば、あとでまとめるときに時間がぐっと短縮できます。

子育てしながら働いている人は、こういったすきまの時間をうまく使う人が多いようですが、ぜひ真似をしてやってみてください。

「無意識の思考停止時間」も棚卸し

研修において、受講者のみなさんがハッとする瞬間を、もう一つ紹介します。

ＯＳ（ウィンドウズの場合）には、ある設定をすることで「パソコンを起動すると同時に任意のソフトを自動で立ち上げてくれる」という機能があります。これを教えると、多くの人がハッとし、喜びます。みなさんが毎朝、無意識のうちに使っている無駄な時間を削減できるからでしょう。

オフィスへ出社してパソコンが立ち上がるのを待ち、次にメールソフトや、会社の業務アプリケーションをそれぞれダブルクリックして立ち上げる。ほんの数十秒の話かもしれませんが、ちょっと設定を変えるだけで毎朝のルーティンを自動化できるのですから、これを使わない手はありません。

1日1分のルーティンだとすれば、これだけで年間約4時間を切り出せます。パソコンを起動すると同時に、必要なソフトが立ち上がってくれる。その間に、資料の準備をすることもできるし、コーヒーを飲みながらスケジュールを確認する余裕も生まれるでしょう。

そう聞けば「うんうん」とうなずきますよね。「至極当然だ。なぜこれまでやらなかったのだろう」と思うかもしれません。やってみると、1分の間に、けっこういろいろなことができるのだと気づくはず。

多くの人は、無意識に積み重ねている無駄なルーティン作業の存在に気づいていないのです。

パソコンが立ち上がるのを待って、メールソフトや業務アプリケーションのアイコンをクリックして、リロードするのを待って……。

その1分間を年間250日、もし勤めている会社の社員数が1万人だとして、その社員が毎日やってしまっていたら、なんと約4・2万時間にもおよぶ膨大な無駄の集積です。無意識のルーティンワークの恐ろしさが、まざまざと感じられます。

しかし、「自分が気づいていないことは何なのかを知る」ことは、簡単なことではありません。ルーティンワークが習慣化したあとは、なかなか目の前の無駄に気づくことができません。

唯一、自分で気がつくための方法は、「これは無駄ではないか」「どうやったらやめることができるか」と、身の回りのすべてに問うことを繰り返すことです。

たとえば、洋服の収納場所や歯ブラシの位置、充電器の位置、ドライヤーの場所、公共料金の支払い方法……。ほかにもたくさんあるはず。無意識のうちに思考停止して、無駄にしている1秒が山ほどあるはずです。

たった1秒の話かもしれません。

でも、先ほどもお伝えしたように、1秒、間に合わなかったために乗るべき電車に乗れないことがあります。そのために、次の電車が来るまで待つのに5分を費やし（もちろん、待ち時間に考えをまとめて、スマホにメモしたりすることはできます）、人との待ち合わせに遅れ、信頼を失い……。1秒を大事にしないことで失うものは計り知れないほど大きいのです。

それだけではありません。

副業のチャンス、人脈、発想、思想——これらがその1秒にはあります。つまり、**1秒にこだわるかどうかで、人生は大きく変わる**ということ。だからこそ、1秒を無駄にしないことが大切だと私は思います。

朝が弱い人の可処分時間の作り方

可処分時間を作るための、もう一つの観点をご紹介します。それは朝の時間です。私はどちらかというと、朝型ではなく夜型の人間でした。朝は目覚めが悪く、どうしても生産性が上がらない気がしていたからです。

出社ぎりぎりまで睡眠時間に充てることこそ、自分には向いている。そう思い続けてきました。しかしある日、父から突然、１冊の文庫本が送られてきました。朝の時間の使い方に関する本です。

自身が教育者であることもあり、口うるさかった父は、私が中学生のころから何度も繰り返し「朝の時間を大切にしなさい」と言っていました。朝の時間をうまく使わないと、人生はいい方向に進まないいんだ、と。

「まだ同じこと言ってんのか。自分は朝型じゃないから……」と思いながら表紙をめくると、ところどころ、黄色い蛍光ペンでマークされています。「大事な箇所はわかるようにしておいたから、せめてそこだけでも読め」というわけです。

特に気乗りしないまま読み始めた私の目に飛び込んできたのは、「オセロ理論」と称する、時間の使い方をオセロになぞらえた考え方でした。あのボードゲームのオセロです。

この考え方ではまず、朝に意図的に自分にミッションを設定し、そのミッションをクリアすることで自己評価に◯をつけます。日中に働いている人であれば、朝は自分でコントロールしやすい時間帯のため、自分の意思で予定が組みやすいからです。

一方、昼は他人とのチームワークの中で働くことが多いので、◯になるか×になるか△になるかは、その日の外的な環境次第。

そして夜は、過度な残業に支配されなければ、再び自分の裁量でコントロールできる時間となります。そのため、自己評価が◯になる予定を設定して、◯をつけます。

オセロのルールで考えれば両側の朝と夜が◯なので、真ん中の昼もどんな環境であ

●オセロ理論

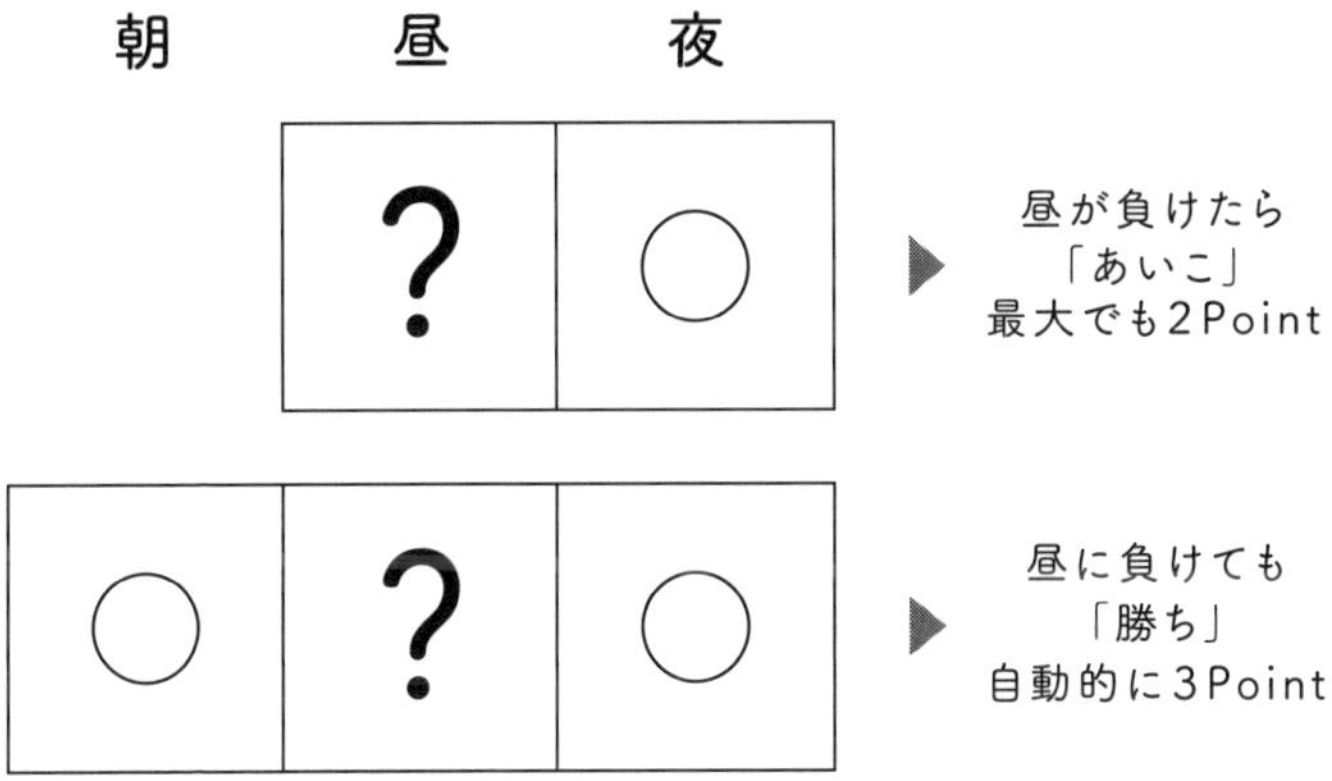

れ、○にひっくり返るという発想なんですね。

ちょっと屁理屈のような部分もありますが、言いたいことは**「朝と夜の時間の使い方次第で、人生に好循環をもたらすことができる」**ということです。

この屁理屈が、そのときの私にはすとんと腹に落ちました。同時に「朝は自由に使える時間なのに、普段は何の予定も立てていないな」ということに気づいたのです。自分次第でコントロールできるのだから、まずは朝の時間の使い方を見直して、新しい動き方に挑戦してみようと思ったのです。

じつに遅まきながら、中学時代以来の父の小言の意味がようやくわかってきたような気もしました。

「朝限定：OB訪問、受けつけます」

しかし、朝の時間の使い方を変える決意をしたといっても、「いや、朝は眠いし」と思ってしまう人間の本質は、なかなか変わりません。早く起きてランニングをするとか本を読むなどといった計画を立てても、自分は絶対にさぼってしまうだろうという自信がありました。

私は意志が強い人間ではありません。生まれてから28年続いた歴史のある夜型です。これを断ち切るには、劇薬が必要だと考えました。

そこで私は、「毎日、朝に人と約束する」ことを始めました。

企業で働いていると、就職活動中の大学生から「ＯＢ訪問を受け入れてもらえないか」という相談が頻繁に寄せられます。何者でもない私にも、就活生なら会いたいと言ってくれるわけです。

何かしらの形で彼らの役に立つのだという前提で、私が朝早く起きるためのきっかけとして利用させてもらうことにしました。

「朝の7時半から1時間限定、ＯＢ訪問を受けつけます」

そうアナウンスしてみたところ、ものすごい数のオファーが来ました。ひっきりなしに問い合わせが来る日もありました。

それから、ＯＢ訪問に応じるという私にとっての朝活が始まり、毎朝決まったスターバックスで学生さんと会うことが習慣になったのです。

人との約束があるから、朝が苦手だろうが、否が応でも早く起きなくてはなりません。そうして狙い通りに動き続けていった結果、朝の時間の使い方に自己肯定感を得られるようになっている自分を発見しました。しかも、ある程度は人の役に立ちながら。

朝早くから会いに来てくれた学生さんたちに「1時間自由に使っていただいていいので、聞きたいことは何でも聞いてください」と言い、1年ほど300人近い学生さんと会いました。仕事の厳しさだけではなく、いかに楽しいかも伝えていきました。朝限定のOB訪問は、普通はなかなかないと思いますが、学生さんたちは「社会人になるのは大変そうだと思っていたけれど、楽しそうに働いている社会人もいるんだな」とポジティブに受け止めてくれていたようです。

これを1年近く実行し、夜型人間を朝型人間にシフトさせることで、私は朝の1時間を可処分時間の在庫に追加することを成功させました。これだけで、年250日稼働とすれば、すでに年間250時間をさらに獲得できたのです。のちにこの習慣と可処分時間は、「朝副業」の時間に変身してくれました。

ルーティンを変えるだけで、新しい目で世界が見える

日本を代表する経営コンサルタントの大前研一《おおまえけんいち》さんは、「人間が変わる方法は三つしかない」と述べています。

時間配分を変える。
住む場所を変える。
つきあう相手を変える。
この三つでしか変わらない。

私は、この考え方が大好きで、自分の人生に取り入れてきました。
新しいことを始めたいのなら、日常のルーティンの時間配分を変えるのをおすすめ

します。通勤時間を30分〜1時間早くしたり、遅くしたりするだけでも、世界の見え方は変わってくるはずです。街を歩いている人の雰囲気も、普段とは違うでしょう。私は通勤時間や経路をしょっちゅう変えていますが、おもしろい発見の連続です。

もしあなたが毎週、本を2冊読んでいるのであれば、いったん本を読むのをやめてみて、ほかのことをしてみるといいかもしれません。たとえば、読むのではなく、本やブログを自分で書いてみる。テレビをよく見てしまうのであれば、脱テレビを開始した日付を付箋に書いてテレビに貼りつけ、電源を1か月抜いてみる。

どれもちょっとしたことですが、やってみると明らかに物の見え方が変わりますし、新しい発見があります。自分の中にあるルーティンを書き出して、それぞれ別の時間に割り振ってみましょう。また、現代における「大人のおしゃぶり」とも称されるスマホから、ときには目を離し、人間観察をしてみるのもいいでしょう。

たとえば私は、新型コロナウイルス感染症の影響が拡大してからは、店舗や施設の入口で道行く人たちを見て「アルコール消毒をする人」と「アルコール消毒をしない人」の違いに着目し、思考実験をしていました。

この差は、どこから生まれているのでしょうか。地域性？　年齢層？　そうしたことを思いながら観察を続けます。「ハンドバッグやスマホを片手に持っている人はあまり消毒液を使わないかも」「リュックサックやショルダーバッグなどの両手が自由になるバッグを持っている人は、消毒液の利用率が高そうだ」――。そんな仮説が生まれました。

もし自分が店舗や施設のオーナーならば、入口に荷物を置くスペースを設けるか、足踏み式の消毒液スタンドを設置する。そうすることで、利用者がより安心した状況で利用できるのでは？

こうして適当な思考実験を繰り広げるのも、私にとっては大切な活動です。日常に変化を与えながらアイデア千本ノックと称して「新規事業アイデア帳」と名づけたノートを常に持ち歩き、発見したことや気づいたことがあれば、ひたすらアイデア帳に書き込んでいるのです。

アイデアが出ないときは、その瞬間その瞬間で気づいたことを書いたり、人に言われたことを書き留めたり。とにかくひたすら書いています。

人間は誰しも、無意識のうちにさまざまなルーティンに縛られています。3秒のルーティンでも、自分で変えられる範囲のものをどんどん変えてみて、新しい目で世界を見てみる。そうすればきっと、キャリアに対する考え方や生き方も変わると思うのです。そんな1秒の積み重ねが人生なのですから。

やめることを規定せよ
——本は読まない

ここで、この本を手に取ってくださっている方々に、告白したいことがあります。「本を読んでいただいている」という、いまのシチュエーションを考えると、こんなことを書くのはかなり心苦しいのですが……。

じつは私は、本や新聞、ニュースはほとんど目にしません。これまでの人生を振り返っても、全体を通して読み切った本は数冊しかありません（一部を読むケースは多数）。かといって、本を毛嫌いしていたり、目の敵にしていたりするわけではありません。本や新聞、ニュースを通じて二次情報や三次情報を効率よく得るのは、とても大切だと思っています。

ただ私にとっては、本から学ぶという行為をしても、脳みそが半分くらいしか動いていない感覚を持ってしまうのです。それに、頭のいい人のロジックに引っ張られてしまう。そして、ここがいちばん大きな理由ですが、活字では「胸ぐらをつかまれない」のです。

何かをやりとりするのなら、胸ぐらをつかまれるような瞬間がないと、つらい。ときに、自分自身を否定される可能性があるような緊張感のある場や時間でなければ、意味がないと思っています。

唯一私が見ているのは「テック系ニュース」。これは、この技術が誰のどんな状況を解決するのか、というテクノロジーの現在地を確認できる点で重宝しています。また、ここから副業や本業の新しいビジネスアイデアを見つけることも多々あるので、欠かさずチェックしているのです。

「本を読まなければ情報弱者になるんじゃないか」。

こんな質問を受け、周りの方や先輩と、何度も議論をしてきました。私は、情報弱者になるという不安自体がありません。

そもそも「情報弱者でありたくない」という視点そのものが、主語を自分ではなく他人に置いています。そうすると、自分を減点法で見るしかありませんが、それは違うと思うのです。「それはね、君がまだまだ若いからだよ」。次はこうアドバイスされるのですが、これは事実であるがゆえ、返す言葉がありません。

情報は、価値のあるところに集約される性質を持っていると考えています。

たとえば、情報を行動にまで昇華する習慣のある人には、どんどん自動的に情報が集まっていきます。もしくは、良質な情報を常に持っている人のところにも同様に、自動的に情報が集まっていきます。

活字を読んで誰かが成し遂げてきたことを紙上で思考的に再現するのではなく、緊張感のある行動で失敗をしながらでも、新たな体験を作り出していきたい。そんな思いが常にあります。

時間を創り出すという観点においては、聖域なく何かを大胆に引き算していくことも、ときには必要です。

コラム

「思考停止」にならないための訓練

誰しも、ずっと当たり前だと思い込んでいる物事に対しては、いつの間にか思考停止に陥ってしまっているものです。

たとえば、野球のルール。

先日久しぶりにテレビをつけたら、野球中継が放送されていました。それを見ていて「あれ？」と思うことがあったのです。

ぜひ、一緒に考えてみてください。

野球のルールは、ほかのスポーツと比べておかしなところがあると思いませんか？

サッカーの場合は、選手が右側からシュートを打っても、左側からシュートを打っても、ボールがゴールに入ればちゃんと1点になりますよね。

しかし野球の場合は、ホームベースを起点にして選手が反時計回りに1周しなければ得点になりません。一塁、二塁、三塁と回ってホームベースへ戻ってくるというルールです。

では、逆の方向へ、つまり時計回りに1周した場合はどうなるのでしょうか。ホームベースを起点に三塁、二塁、一塁と回ってホームベースへ戻ってきた場合は？　当然ながら得点にはなりません。

しかし考えてみれば、反時計回りでも時計回りでも、発揮するパフォーマンスの価値は同じです。しっかりボールを遠くへ飛ばし、その間に1周することは変わりません。同じパフォーマンスなのに、逆回りだと評価されないのはなぜなのか。

反時計回りのルールがあることによって、もともと右打ちだった人でも「三塁側に飛ばせたほうが有利だから」という理由で個性を殺し、左打ちに転向するといったことが起きてしまいます。実際に、そんなバッターは多いですよね。

また、こうした左右非対称の構造があることによって、「一塁手はエラーが少ない人に」「右中間のポジションは肩の強い人に」といった、時にアンフェアな構造も生まれています。時計回りでも、反時計回りでも1点とするルールに改定したらもっとおもしろくなったりしないだろうか？　私の妄想はふくらむばかりです。

「いやいや、野球とは反時計回りに回るものなのだ」と言われれば、それまでです。「何をいまさら？」と思う人もいるかもしれません。多くの人は、これまで疑問さえ持たなかったでしょう。

では、なぜほとんどの人は野球のルールに疑問を持たないのか。

それはきっと、「野球のルールとはそんなもんだ。打ったら反時計回りに走るのだ」と漫画本などで読んだり、テレビで見たりして記憶しているからでしょう。その理屈を学び、疑うことなく受け入れている。多くの人は、野球のルールを当たり前のものとしてとらえ、思考停止に陥っているとも言えるのです。


誰も現状を疑うことなく、同じ発想の同じ行動に集約されていく。同じことは、仕事でも起きていると思いませんか？

私は、自分自身の仕事を効率化して自由に使える時間を持てるようになってから、このことを強く意識して過ごしてきました。


些細なことで言えば、私は最大のルーティンとも言える出社ですら、経路もできる限り毎日変えるようにしています。「自分で自分の行動をオーダーメイドする」という考え方です。

他人に仕事をお願いしたりして任せるときには、意味や目的を事前にある程度整理して伝えたり、「本当にこの業務、意味があるんですか?」といった問いにも答えられる状態にしておくことが多いと思います。自分の中にもう一《いち》人格持ち、自分から自分に質問や行動をオーダーしているのです。

「この出社経路が最短なのか?」「どの経路がいちばん楽しいのか?」「なぜ、この場所にこんなものがあるのだろう?」など、些細なことであればあるほど、疑問を止めないようにします。脳みそが常にあちらこちらに動くよう、毎日の行動を極限まで全部変える。同じことをしないので、常に脳がフル稼働する。

これが私なりの、思考停止に陥らないための習慣であり、訓練なのです。

第5章

実録！
私の副業通信簿

失敗と失敗と成功

第4章では、可処分時間の生み出し方や考え方について、お伝えしてきました。本章では、私が現在の副業に行き着くまでのエピソードを、失敗体験も交えてご紹介します。

「棚ぼた」のキャッチ率を高められるか?

会社を辞めるか、辞めないか。起業するか、しないか。

そう悩んでいた当時、思い出したのは、とてもパワフルで、いくつもの企業の経営に参画する女性経営者からかけてもらった、ある言葉です。

それは、「『棚ぼたの前提』って知ってる?」という問いでした。

棚ぼた、すなわち「棚から牡丹餅《ぼたもち》」という言葉なら知っています。何気なく開けた棚から牡丹餅が見つかるように、思いがけない幸運が降ってくること。特に苦労せずによいものを手に入れる、という意味もあるようです。

棚ぼたが起きればラッキーだと思いますが、狙って得られるものではないはず。そんな言葉に前提があるというのは？

「棚ぼたって言うけれど、牡丹餅が落ちてきたときにキャッチできるのは、その棚の下にいる人なんだよね」

女性経営者は、そう言うのです。

なるほど。

棚ぼたは偶然の産物だけれど、誰にでも起きるわけではない。その瞬間に、棚の下にいた人だけが牡丹餅を手にすることができる。そのためには、棚の下をひたすら動き回っている必要があるのかもしれません。

もっといえば、「牡丹餅が落ちてきそうな棚は、ここじゃないか？」と探り当てる嗅覚を鍛えられれば、棚ぼたのキャッチ率をさらに高められるのかもしれません。

では、そうした棚はいったいどこにあるのか。

会社の中にも当然あると思いますが、純粋に可能性だけを考えるなら、会社の外にもたくさん棚があるはずです。

そう考えると私は、会社内での時間の使い方ばかりを考えている場合ではないと思うようになりました。副業などの新しい活動を追加するなら、なおさらです。

社外にある棚ぼたの機会を見つけるためには、いろいろな場所に出向き、さまざまな一次情報にふれて、嗅覚を鍛えなければいけないのではないか。

同僚や上司と飲みに行く時間は、いくらでも作れます。でも、「似たような人と飲んで、何が起きるんだろう?」と思ったのです。

もちろん、そうした時間は貴重で楽しいものですが、これではたして棚ぼたのキャッチ率が上がるのか。もっともっと外の世界に飛び出して、新たな棚を見つける必要があるんじゃないか、と考えるようになりました。

いきついた副業は「講師業」

人材派遣業のお手伝いだけではなく、私は大学時代からさまざまなビジネスを経験してきました。オークションでのせどり、民泊、投資、飲食、不動産仲介、転職支援、イベントの運営、スポットコンサルティング、ポイントの仲介事業、ＹｏｕＴｕｂｅなどの動画配信、出版、執筆、個人研修、法人研修……。

この中でも大きな教訓となったのは「ポイントの仲介事業」における失敗でした。途中までは絶好調だったのですが、最終的には散々な結果となってしまったのです。

ビジネスの内容は、海外のとあるサービスにおいて、使い切れないほどポイントをため込んでいるユーザーを発見し、そのポイントを使いたい別のユーザーとマッチングさせるという、当初は類似サービスのない事業でした。実際に、初期の売り上げは非常に好調でした。

しかし、そうは問屋が卸しません。スキーム自体は非常にシンプルであるため、雨後の筍のように類似サービスが出現。相手は副業ではなく、フリーランスの本業として取り組んでいるものと思われました。私とは、かけられる時間が違います。

オンライン系のマッチングサービスにおいて、レスポンスが遅いのは致命傷となります。大学時代にFXで失敗した「日常に集中ができなくなる」という現象が再発してしまったのです。

マッチングサービスの特性上、各顧客とのコミュニケーションコストも発生します。その上、市場にはフリーランスだけではなく、ベンチャー企業も新規事業として参入してくる事態に。ベンチャーはコミュニケーションコストを下げるため、先行投資で便利なシステムを導入していました。こうなると、価格を下げるしかありません。

こんなに悩まされてまで、自身の神経をすり減らしてまで、やりたいことだったのだろうか？

自分に問いかけ、私はこの副業を終了させる決断をしました。

このときに私は、「副業に向いているもの」と「向いていないもの」を明確に分けられそうだという実感を、冷や汗とともに得ることとなりました。いま振り返ってみても、二度とやりたくありません。

それから、どんな事業が副業に向いているのかをいろいろと考え、行動しました。その中でたどり着いたのが、現在の副業として取り組んでいる「人に教える」仕事、つまり講師業です。自分自身の経験から、私は講師業を最もおすすめできる副業として挙げたいと思います。

講師業なら、仕入れや大きな初期投資は必要なく、自分自身の成長につながり、かつ人間としての根源的な幸せを追求することもできます。

しかも、パッケージ化してしまえば、顧客ごとにサービス内容を変更する必要もなく、とても汎用性が大きいのです。

ただ、内容には一定の注意が必要。本業と近すぎる領域は、危険です。

たとえば、雑誌や書籍編集の仕事をしている人であれば、「売れる本と売れない本の違い」についてセミナーを開くことは、本人から見れば「本業から少し離れた副業」ということになるのかもしれません。しかし勤務先には、微妙に「会社の情報を売っている」と、とらえられる可能性があります。ベースは共通していても、他人や顧客目線で本業とは大きく違う領域であるほうが、何かと安心です。

となると、いろいろな著者に会ったり、編集作業をしたりする中で気づいた「世の中にソリューションが存在しないかもしれない分野」について人に教えることを考えたほうがよいでしょう。ほかには、自分が持っている人脈の中で、世間の注目度が高い人をプライベートで呼んで対談イベントを開くというのも、一つの方法です。

このように、**人に教えるといっても必ずしも自分が直接教えなくてもいい**のです。可能性を柔軟に考えれば、さまざまな方向性が見えてくるのではないでしょうか。

また、**人に教える行為は、自分自身にとっても大きなプラスとなります。**

私にはまだ子どもがいないので実感として理解しているわけではありませんが、たとえば親が子どもに「きちんと挨拶をしなさい」と教えるとき、親はまず、自分自身がきちんと挨拶をする人間であろうと思うのではないでしょうか。人に教えることで、自分自身が成長できる上、その実感も得られるということです。

同じ構造で、会社員として発見した「ビジネスの業務効率アップに役立つ知識・ノウハウ」を教えていくのであれば、自分自身がそれに取り組めば取り組むほど、業務効率化につながっていくでしょう。同時に「教えるスキル」も磨かれていきます。

そして、教える側と教えられる側、双方が成長して経済が発展していくのならば、こんなにいいことはありません。

講師業をおすすめできる理由は、ほかにもあります。諸外国と比べれば、日本は犯罪の少ない安心・安全な国です。一般市民が拳銃などの危険物を所持していることもなく、初対面の人を相手に教えるという行為も比較的やりやすい環境だといえます。

「はじめまして、こんにちは。では教えましょう」というビジネスを簡単にできる国というのは、案外少ないのかもしれません。こうした環境的なアドバンテージはどんどん生かしていきたいものです。

昨今は、人々の「学びに対するニーズ」も高まっています。「プチMBA」に挑むなど、余暇の時間を学びに充てようとする人は確実に増えています。講師業は、時代の潮流ともマッチしているのではないでしょうか。

本書を通じて繰り返しお伝えしていますが、**よい副業の入口は「そんなもんだ」と世の中の人が思って（あきらめて）しまっている潜在課題を、自分の目で、足で見つけること**です。

自分には、どんな原体験があるのか。会社員としてどのような仕事を経験し、どのような困りごとと向き合ってきたのか。それを振り返ってみることから始まります。

課題があるところには、必ず「教えてほしい」というニーズがあります。そして、課題は至るところにあるのです。街頭サンプリングの現場にも、あるいは社内の身近な場所にも。

得意なことを創り出し、人に教える

ここで、なぜ私が講師業に行き着いたのか、その経緯をお伝えします。

働き方改革やリカレント教育（生涯学習）がセットで語られ始めた、2017年前後の話です。

ちょうどそのころ、会社内で講師を募集する告知が流れてきました。講師になりたい人が自ら手を挙げ、定時外の時間を活用して、互いに「教えあう・学びあう」というシンプルな仕組みです。

社内で社員自らが講師役となり勉強会を開くという手法は、人材やIT、製薬関係の業界などでよく行われていると聞いていました。しかし、我が勤務先にもそんな流れが来るとは、驚きました。

自分の名である「新」に名前負けしないよう、新しいことはなんでもまずは挑戦しよう。そんなスタンスで、私は何の自信もないまま、まずは手を挙げてみました。そこに、棚ぼたの棚があるのかもしれない。多くの人は手を挙げないだろう。だから挙げよう。でも、何を教えよう――。

私が考えた末に思いついたのは、メールソフト（アウトルック）やパソコンのショートカットのスキルを社内の人に教えることでした。そうしたスキルを私が持っていたのは、人事異動によって意気消沈したことがきっかけでした。

私は、営業部門から人事部門への異動を経験しています。異動したばかりのころは、なかなか成果を出せず、気持ちが沈んでいました。

そんな自分を変える方法は何だろうと考え、ネットで検索していたら「アウトルック研究所」というウェブサイトにたどり着いたのです。

そこには、アウトルックからエクセルを制御して、エクセルからデータを取り、自動的にメールを制御するというプログラムのソースコードがあったのです。人事の仕事で社内の困りごとを聞きに行くと、「メールの件数が多くて、処理にものすごく時間がかかる」と話す人が多かったことを思い出しました。

「よっしゃ、これだ！」と思い、ゼロから勉強して、プログラムを作り出し……そこから私はアウトルックに強くなっていきました。

そこで学んだアウトルックやショートカットによる効率化スキルを共有することで、誰かの役に立てるかもしれない。そう思った私は、自ら手を挙げて社内講師を何度も担当しました。

それによって、新たな金銭的報酬が発生するわけではありません。それでも、講座が終わったあとに「ありがとう。また教えてね」と言ってもらえることで、講師業にどんどんのめり込んでいきました。

そうして講座を何度も開くうちに、「これは社内だけではなく、社外の人にも役立つノウハウではないか」という思いが強くなっていきました。

そこで、OB訪問を受けていた朝の時間の活用方法を見直し、マッチングサイトを通じて、社外の人向けにショートカットキーの講師を務めることにしたのです。

当初は、ほぼ無償でした。朝は参加者が予定通りに来ないこともあるので、外部の会議室を使うと赤字になる可能性があります。そのため、OB訪問と同じく、まずはスターバックスで希望者に教えることにしました。

目の前の人は、仕事をする上で何がボトルネックになっているのか。一人ひとりとの会話を通じて課題を把握し、アドバイスをしていきました。

この活動は、その後の私の人生を変えることになりました。日常風景の中に、私のすぐ目の前に、大きなチャンスが眠っていたのです。

この新たな活動を始めて、気づいたことが二つあります。

一つは、日本に「アウトルックの効率化」につながる優れたソリューションが存在していないこと。

アウトルックは多くの企業に導入され、仕事をする上での必須環境となっているメールソフトであるにもかかわらず、その効率的な活用方法を深いレベルで教えるサービスはありませんでした。働く人のほぼ全員が「メールにある程度の時間を取られるのは仕方がないこと」と考えていて、課題意識がなかったのでしょう。

もう一つは、アウトルックを上手に活用できる人になるためのステップが整えられていないことです。

よく「できる人はマウスを使わない」と言われますが、ではマウスを使わないレベルにまで達するためには、どのようなステップが必要なのか。それを明確に教えてくれる人はいませんでした。

そのため、頑張って活用できるようになろうと思えば「ショートカットキー100選のようなガイドをひたすら覚える」といった、苦行ともいえる努力をしなければならない状況だったのです。

これは英語の学習にたとえるなら、最初からいきなりネイティブスピーカーと英会話をしようとするようなもの。

本来は、その前に英単語を覚えなければならないし、文法についても学ぶ必要があります。そうしたステップを無視して学習を進めても、なかなか思うような結果は出ないでしょう。

この課題のソリューションは、どこにあるのだろうか。困った——。


ないのだったら、作ればいい。

わからないのだったら、調べればいい。

なんなら、自分自身がソリューションを作ればいいんじゃないか。

答えがないからこそ、これはチャンスなんじゃないか。


そう思った私は、まず社内向けにプロトタイプのソリューションを作りました。

相手の業務のスピードが上がったり、無駄がなくなったりすることはもちろんうれしかったのですが、それ以上にうれしかったのが、「明日の仕事が楽しみ」とかなりの頻度で言われること。この方向性で、プロトタイプを磨いていこうと思えるようになりました。

仕事が楽しみになる。そんな素敵なことが起きてしまうのです。

パソコンのスキルは地味ではあるものの、だからこそ「誰でも」「必ず」成長をすぐに実感できます。この地味なことと向き合い、とことん科学していこう。そんな思いを日々強めていきました。

次第に口コミで私の講座のことが社内で広がり、いろいろな方面から声がかかるようになりました。「昼休みにテレビ会議で中継してほしい」「出張費を出すから名古屋まで来てほしい」など、同じ社内とはいえ普段接することがなかった人たちからも、声がかかり始めました。

当時所属していた部署の本来のミッションではないので、迷いもありました。しかし、私に給与を払っているのは会社であり、所属している部署ではありません。必要とされるならば、なんとか担当業務をこなしつつ要望に応えていきたい。この過程の中で、社内の信用貯金を貯めておくことができる。それによって、自分がいざ困ったときには、いろいろな人が助け舟を出してくれるのではないか……。

試行錯誤を繰り返しながら、私は対応範囲を徐々に広げていきました。

当然、これらの社内活動には1円の報酬もありません。だからこそ、信用貯金という新たな報酬を得ることができたのかもしれません。

「個人で稼ぐ力」は誰でも持っている

講師活動のパッケージができつつあったこのころ、社外の人にもビジネスとして伝えられないかと考えるようになりました。いよいよ「講師業」への挑戦です。

同時に、このノウハウをもとに、1年以内に書籍を出すことを目標に置きました。**副業だからこそ、何も失うものがないからこそ、目標は高く設定できます。**そのためには、講座を圧倒的な高頻度で開き、さまざまな企業の、さまざまな働き方の人に聞いてもらい、より効果的な内容へと日々、進化させていかなければなりません。

そんな思いから、社外での講座開催によるテストマーケティングを繰り返していきました。

これで、**「インプット」「アウトプット」「フィードバック」「改善」の流れを作ること**ができるはず。

さっそく私は「ストアカ（ストリートアカデミー）」というスキルシェアサイトで、社外の人に教えることにしました。

そのサイトを選んだのは、毎回ユーザーのレビューが書き込まれるからです。フィードバックが必ずある、ということが重要でした。**フィードバックがあることで「よいポイント」の傾向がわかり、該当する部分をより丁寧に説明するなどして講座の内容を進化させていくことができます。**

一方で、辛口のフィードバックも寄せられます。ただ、それがあるからこそ、高速で改良していくことができるとも思いました。

先ほど紹介した大失敗事例であるポイントの仲介事業での学びは、「ノウハウがすぐにほかのプレイヤーに真似されてしまう」こと。

講師業であれば、商品は自分自身です。改善のスピードこそが品質となり、信頼になり、他者が真似しづらい構造となります。

また、社外の人に教えると、相手の企業内でしか通用しない手法もあることに気づきます。たとえば、転送ができないように設定されていたり、メールの検索ができないように設定されていたり。

どの企業でも職場でも、タイムロスが生じてしまいそうな最大公約数的なポイントを見つけ、カリキュラムの見直しを重ねていきました。

そのうち、何度も繰り返して講座に足を運んでくれる人が増えていきました。いつも同じ内容なのに「一つでも落球させないように全部覚えていきたい」と言って。

そして、今度はその人たちが、それぞれの社内で私と同じことをし始めたのです。中には「もう1000人に教えた」という強者もいます。「社内の便利屋になる！」と宣言する人も現れ、志を同じくする仲間が増えていきました。

私の講座の内容は特段難しくないので、誰でも先生になれたのです。それをたまたま、私が副業で最初にやっただけです。

どうして、メールソフトの効率的な使い方や、ショートカットキーというこんな地味な講座が多くの人に受け入れられたか。

それは、少し**使い方を変えるだけで、日本の生産性が変わるくらいのスキル**だからです。講座や講演会で「アウトルックにふれている時間は、1日のうちどれくらいですか？」と尋ねると、35パーセント強が平均値になります。

1日の仕事の3分の1が費やされている……これはかなりのインパクトだと思いませんか？

これだけ膨大な時間をアウトルックにかけていることに気づくと、アウトルックを効率化すれば、大きな成果を得られることがわかるでしょう。

実際、アウトルックを上手に活用すると、年に100時間の時短ができるのです。100時間というと、一人あたり12日も追加で休みが取れる計算になります。

このように、**目に見えるメリットまで昇華すれば、人は必ず動きます。**

とはいえ、不安がまったくなかったわけではありません。自分のプライベートの時間を使って自己研鑽を重ね、周りの人のためになるソリューションを、最終的には社会のために昇華させる。そう考えて動く私のことを、よくは思わない人もいました。

「こんな内容でビジネスにするなんて、ばかばかしい」――。

そんな声が聞こえたことも、何度もあります。

それでも、「インパクトのあることをやっている」「結果を出すまでやめない」といつも自分に言い聞かせて、技術的なことはその都度軌道修正をしたり、人との関わりでは誤解を解いたりしながら、とにかく前に進んでいきました。

人の力を借りる

いよいよ講師業でお金をいただこうとなったとき、私の場合は、最初は「サクラ」で半分を固めました。まずは社外の友達5～6人にこう声をかけました。「料金は500円。でも、その分はあとで僕が払うから飲みに行こう」と。

はじめましての人が半分、自分の知り合いが半分という構成です。それぞれからフィードバックを得て、改善をスタートさせていきました。それに伴い、価格は200〜300円ずつ上げていきました。

内容が核心を突いているものであれば、参加者が「安すぎるよ」と言ってくれます。期待値がその価格以上になった瞬間に人は「もうちょっとお金を払ってもいいよ」と、シンプルに言ってくれるのです。

そのラインがどこにあるかを探りながら、少しずつ、1か月ずつ、価格を調整していきました。自分はどれほどの価値を提供できているのか。それを定期的に確認する作業でもありました。

最初はずっと赤字です。1対1であればカフェでできることも、複数人になると、やはり会議室が必要になります。その会議室を借りるのにも、まずまずのお金がかかってしまう。「赤字を出してまで、なぜこんなことをやっているんだろう」と思ったこともあります。それでも、何かおもしろいことが起きている気がしたので続けていました。

その「何か」がわかったのが、5回目くらいのときでしょうか。先ほどもふれましたたが、同じ人が再度来てくれるようになりました。理由を聞くと「1個も漏らさないように聞いて覚えたい。私も、会社の中でメールのやり方の変革をしていきたいから」と言うのです。

その瞬間、「ああ、こういうことか」と腑に落ちました。自分の考えているアイデアや着眼点が人に渡って、いろいろな人の働き方が変わっていく。これはおもしろいぞと。「BtoCtoCtoC」、これはすごい。何か生きた証が残せるかもしれない、と思いました。

もう少し頑張れば、違うものが見えるかもしれない。とはいえ、メールの効率化なんて、潜在需要はあるものの、顕在需要はほとんどありません。

そのため、いろいろな人に「どうすればより多くの人に届けられるか」を相談しました。するとある人が「興味を持ちそうな人がいるよ」と言って、「NewsPicks」の関係者につないでくれたのです。

「NewsPicks」で取り上げられた瞬間、いつもは満席にならない自分のセミナーが、ものの数分で満席となりました。「メディアの力って、すごい」としみじみ思いました。そして何よりも、人の力を借りるのは大切なことだと感じました。「困っている」とあちこちで言っていたら、誰かが助けてくれるものなのです。

それまでの私は、副業は全部一人でやるものだとばかり思っていました。いまも、半分くらいはそう思っているフシがあります。それでもやはり、人の強みを借りたほうが早いことはたくさんあります。

会社でも、同じことが言えます。ただ、副業の責任はすべて自分が背負うもの。そのため、速やかに人に力を借りることが本業以上に大切になってきます。力を貸してくれる人たちとのネットワーク構築も然りです。

自分の中の多様性を作る

副業での講師活動を通じて、私はある成長実感を手に入れました。「伝える」と「伝わる」の違いを認識できるようになったのです。

同じことを伝えても、相手の立場によって、真逆になることが多々あります。

たとえば、「いい天気」と聞けば、99パーセントの人は晴れた青空を思い浮かべるでしょう。しかし、稼業が傘屋さんの人にとっては、「いい天気」は雨模様を指すかもしれません。

これは極端な例ですが、人に教えることを副業とする中で、私は「伝える」と「伝わる」の違いをまざまざと感じるようになりました。的確な言葉を使って、「伝える」と「伝わる」のギャップを埋めていく感覚が、教えるという工程の中で最も鍛えられた部分だと思います。

始めたころは、「これと、これと、これを言わないと伝わらないんじゃないか」と考え、自分のためにボールを投げていたところがありました。それが「どんなことを相手が考えているのか」「どの部分までかみ砕いて考えてくれているのか」を理解するようになり、「どんな情報を渡せばいいのか」まで考えられるようになりました。

主語が自分ではなく相手に移り、一人ひとりの顔を見ることができるようになったのです。

次第に10人の研修でも100人の研修でも、ある程度までは、それぞれの参加者の顔が見えるようになっていきました。「この人は追いついているな」「この人はちょっとつまずいているな」と。

そうやって個々の状況を把握しながら、「1人ひとりに伝わる」ようにするにはどうしたらいいかを考えられるようになりました。

そして、気がついたときには、私が副業でショートカットやアウトルックのスキルを教えていることに注目してくれたメディアやテレビからの取材を受けるようにもなっていました。

取材を受ける中で、次第に自分を客観視できるようになったことも収穫でした。

「いま、自分はこう見えているかもしれない」

「自分が意識を向けている方向を、引いて見られるようになった」

この二つは大きな変化でした。私は**自分自身の活動によって、メタ認知能力を鍛えることができた**のだと思います。

メディアに出ることについては、恥ずかしさはどうしても感じます。でも、せっかく取材してもらえるのであれば、その打席は取りに行ったほうがいい。

自分のやりたいことをシンプルに考え、「人々の働き方を変えていく」という目標を掲げた私にとっては、多くの人に自分の価値を知ってもらうことが重要だったのです。潜在課題から顕在課題に変えていかなければ、何も変わらないし、変えられないわけですから。

私の場合は、数回メディアに出たあとから好循環に入ったように思います。人が人を紹介してくれるようになったのです。

驚いたのは、「今度、うちの新入社員研修の相談に乗ってほしい」という相談が寄せられたこと。そうした紹介が増えるにつれて、取材や講演の依頼も急増していきました。

なお、メディアへ露出をする際に、私は勤めている会社の社名を出していません。

なぜなら公表すると、ゲームのルールが変わってしまうから。**副業は、個人として戦う時間です。**副業の顧客には、あなたの本業の社名は関係のないこと。あくまでも、自分の看板で戦うようにしましょう。

この覚悟があってこそ、本業とは大きく異なる、新しい経験を積むことができます。それが結果として自分の中の多様性、「セルフダイバーシティ」を獲得することにつながっていくのです。

振り返ってみれば、本業の看板を使っていないにもかかわらず勘違いされ、本業にも副業にも、いろいろな風が吹いてしまうことがありました。つらい向かい風もあれば、思わず感動してしまうような、うれしい追い風も。

でも、どんな風を受けることになっても、無風よりはずっといい。もやもやしていた以前とは明らかに違う、新しい自分を得ていく過程は、わくわくしました。

人に会うことでしか変われない

「棚ぼたのキャッチ率」を高めたいと思って社外へ積極的に飛び出すようにしてから、私は人と会って直接（ときにはオンラインで）会話し、一次情報を得ることにずっとこだわり続けています。

その理由は、**人生の変節点は人との出会いによるものだから**、に尽きます。

昼は会社の本業に時間を費やしているのなら、朝と夜は、いろいろな人に会って自分の人生の変節点をたくさん作るきっかけを得るべきです。

私にとって人と会うことは、成長の機会をつかみにいっていることと同義なのです。

こんなことがありました。副業の朝活講座での出来事です。

50歳くらいの方が、私の講座を受講しに来てくれました。仕事は管理職とのこと。

課題をヒアリングした結果、エクセルを中心としたパソコンのテクニックについてレクチャーすることにしました。「名刺交換を」と言っていただいたので交換したところ、なんと某企業の執行役員。そしてその後、さらに驚くべきことが起きました。

ある日、その役員の部下を名乗る方からメールが届いたのです。

「弊社の取締役会の前座として、パソコンのスキルを教えていただけませんか。つきましては……」。

当時の私は、まだ副業を始めたばかり。草野球を一生懸命に頑張っていたつもりが、急にメジャーリーグの打席に立つことになったような気持ちです。緊張したのは言うまでもありません。

勇気を出して行ってみれば、温かく迎えてくださり、一安心。無事、講師を務めることができました。さらには、まさかの「懇親会つき」。新たな人脈の構築に加えて、自分自身の胆力を大きく鍛えることができた出会いでした。

ちなみに私は、先輩や仲間からよく「君はインプットの時間をほとんど取らないね」と言われます。

たしかに、私は主たる時間を常にアウトプットに寄せています。一人で行うインプットは5分や10分の空き時間でさくさくと済ませ、インプットとアウトプットをできるだけ同時に回しています。

副業に限らずですが、ビジネスは何らかの成果物の納品が必要です。つまり、そもそもが「アウトプットありき」で成り立っているのです。インプットだけで収益が得られる副業は聞いたことがありません。

「インプットがあってこそのアウトプットだろう」と思うかもしれませんが、**副業をビジネスとして確立するならば、どこかでアウトプット志向に軸足を転換する必要があります。**

インプットばかりしていると知らないうちに、習得した知識に支配されてしまいます。また、無意識の思考停止になってしまう瞬間も生まれてしまう。68ページでお話しした、セミの寿命の件もそうなのかもしれません。

自分に最も向いている、アウトプットとインプットのバランスを試行錯誤しながら見つけることが重要だと思います。

コラム

講師業のテーマが見つからないときは

「講師業がおすすめ」と言われても、周囲にはなかなか課題が見当たらない。何をテーマに教えたらよいのかも思いつかない。そんな悩みを抱える人もいると思います。参考になるアイデアをお伝えしましょう。

まずは書店に行き、さまざまなビジネス書のタイトルを眺めてみてください。その中から、「自分が講師を務めるとしたら」という観点で、セミナータイトルやコンテンツ名になりそうな言葉を見つけていきます。

つまり、先にテーマを仮決定してから中身を埋めにいくということです。この方法をすすめる理由は以下の四つです。

- 書籍タイトルと内容は、現代の人々の課題を突いているものが多い
- すでに書籍に書かれている情報だったとしても、十分に情報の非対称性が強い
- ビジネス書の著者は講師業をやっていないケースも多く、競合しない

・そこに自分の考察と実体験を肉づけすれば、顧客はその「時間」を買ってくれる

書籍は超飽和市場になっています。しかし、この状況下でも、毎年数万冊が出版されています。特にビジネス書については、差別化のため考えに考えられたターゲティングとコピーライティングで、各社が本を作っています。

つまり、ここに良質なセミナーテーマの切り口や、潜在課題のヒントがたくさん眠っているということです。

「本から情報を得ても、世の中の多くの人はすでに知っていることなのではないか」と感じるかもしれませんが、心配無用。ベストセラーと言われるビジネス書でも、発行部数は10万部といった規模です。労働人口6000万人と比較すれば、0・2パーセントにも届けられていないのです。つまり、情報の非対称性がとても強い状態だと言えます。

かつ、本の著者は、個人向け講師業とはまったく違う仕事です。つまり、仮にその本の内容そのままで講師をやったとしても、同じテーマの競合がいないかもしれないのです（もちろん、著作権には十分に配慮しなければなりません）。

しかし、本の内容をそのまま要約してセミナーを開催しても、顧客からすれば、86～

90ページで紹介した「なぜ、あなたにこの課題を解決してもらいたいか」というパーツが埋まっていません。

だからこそ、自分自身の考察や実体験を付加できるテーマを選定し、豊富なエピソードで肉づけをする必要があります。これは、まったく難しいことではありません。

一つ、例を挙げましょう。

あなたはプロジェクトのリーダーをしています。書店で『「キングダム」で学ぶ 乱世のリーダーシップ』（原 泰久原作、長尾一洋著、集英社）という本を見つけました。身近な漫画×リーダーシップという切り口で、リーダーシップ論の類書と差別化する戦略です。これを、あなたの得意分野で置き換えてみたらどうなるか。そして、実際に自分のプロジェクトで半年間やってみたらどうなったか。

この時間の中で生まれるエピソードや試行錯誤は、あなたならではの情報に切り替わります。そこで生まれた課題があれば、ほかの書籍や文献からも解決の糸口を探っていく。結果として生まれた成果があれば、それは十分に意味のある情報となっています。

ここで生まれる情報には、実際に価値があります。

それは、「時間」をかけて実際のビジネスの現場で通用するかを評価し、研ぎ澄まし、意味のある情報に昇華しているからです。その過程自体を「なぜあなたが」の解にしていくのです。

たとえば、こんなセミナータイトルではどうでしょうか。

【リーダーシップ論を50文献読み、試した講師が語る『XXX』に学ぶ効果のあるリーダーシップ術】

なんだか、聞いてみたくなりますよね。このように、書店には講師業のアイデアがたくさんあります。行き詰まったときには、参考にしてみてください。

第6章

副業開始後に押さえておきたい思考法

いよいよ締めくくりとなりました。最後の本章では、副業が確立できたときにどんなことが起きるのか、どう対処し、どう考えたらよいのかについてお伝えします。

もし、本業をおろそかにしていると言われたら？

「副業もいいけれど、本業をおろそかにしないようにね」

「副業がうまくいっているなら、もう会社を辞めたらいいじゃん」

もし、周囲の人からこんな言葉を投げかけられたら、どのように答えればよいのでしょうか。

私の結論は「反論はしない」。

これと似たような状況を想定できるのが、「海外旅行」です。

みなさんの友人にも、無類の海外旅行好きが一人はいると思います。長期の休みという休みは、とことん海外に行く。渡航リスクの高い地域でも一人で行く。でも、月曜の朝には帰国し、仕事をしている。仮にこんな人が周囲にいたら、あなたはどんなふうに声をかけるでしょうか。


「海外旅行もいいけれど、本業に支障が出ないようにね」

「そんなに海外旅行が好きなら、もう海外に住んだらいいじゃん」


こんなことを言ってしまいそうになりませんか？　一方で、これがあなたにとってまったく興味のない人だったらどうでしょう。

つまり、これらのメッセージの前提にあるのは、「私はあなたに一定の興味がある」「心配している」という気持ちであり、邪魔をする意図は一切ないのです。

友人の行動が、自分の過去の経験の範疇を超え、かつ想像の範囲も超えたときに、「私はあなたの趣味を応援している」というメッセージではなく、心配という心理になるのは、ごく一般的な変化ではないでしょうか。

副業においても同様に、いまは多くの人に経験がなく、想像の範疇を超えていく働き方であり、生き方です。副業が軌道に乗ったあとには、あなたへの興味という前提のもとに、「心配」という形でメッセージを受け取ることが増えると思います。

「会社や上司の理解が足りない」という不満の声が、副業の調査では必ずと言っていいほど出てきます。会社や上司に副業経験がなければ、理解があるはずがありません。あなたが無類の海外旅行好きだとして、そこまでの理解を会社や上司に求めるでしょうか。

私は、理解を周囲に求めることが間違っているとは思いません。しかし、「いいじゃないですか。海外旅行は私の趣味なんだから。でも、ちゃんと仕事はしっかりやりますよ！」とさえ言い切れば、もう十分だと思います。

副業においても同様で、「結構、副業も楽しいんですよ！　ちゃんと本業はしっかりやりますよ！　ご心配ありがとうございます」と切り返してみましょう。

ロジカルな指摘にはロジカルに、根拠のない感情的な指摘には、感情的に切り返すのがポイントです。

もう一つ、飲み会や食事の場で、よくこんなことを言われます。

「君は副業で儲かっていていいよね。今日は君のおごりで！　経費で落とせるでしょ」

さあ、笑って切り返したいところですが、なかなか難しい問題です。あなたなら、とっさにどう答えるでしょうか。

副業が軌道に乗っていて収益が得られていれば、根拠のない言いがかりだとは言い切れません。「経費で落とせるでしょ」については、いろいろとお金や税務の知識を教えたくなってしまいますが、そんなことをしている状況でもありません。

先ほどの海外旅行の例と同じく、立場の転換をしてみるとヒントが得られます。たとえば、会社の社長との食事で「よっ、社長！　今日は社長のおごりですか！」と発言するのと同じような感覚なのです。

これも、発言する人には「悪意はない」と考えるようにしましょう。ただ、ここであなたが支払う前例を作ってしまうと、この先ずっと同じことの繰り返しになってしまうかもしれません。大切なのは、先ほどお伝えした「ロジカルな指摘には、ロジカルに返す」です。

根拠がないただの感情論ではないので、一定のロジックを持って回答しなければなりません。たとえば、「副業で使う機器を買い替える必要があり、早急にあと10万円貯めないといけない」というように、あなたの副業における設備投資などのロジックを持っておけば、このようなシーンにおいても角を立てずに回避することが可能となります。

「本業が楽しい！」と言葉にして表現する

副業が軌道に乗るにつれて、本業サイドからはいろいろな心配や、ときには向かい風を受けることも増えていくでしょう。そうした状況を未然に防ぐアイデアについてもご紹介します。

副業によって本業に支障が出てしまい、プロフェッショナルとは言えない状態になってしまえば、「それ見たことか」と非難されてしまうおそれもあります。そうならないようにするためには、「本業をきちんとやる」しかありません。

本業を、どこまできちんとできているのか。

その定義は仕事の種類によっても違いますし、営業職のように明確に数字で業績を伝えられる仕事ばかりではないので、はっきりと示すことは難しいかもしれません。私の場合も、本業をどこまでしっかりできているのかというレベル感は、見る人によって異なるでしょう。

しかし、どんな仕事でも自分次第で必ず伝えられることがあります。それは**「私は本業を楽しんでいます」という意思**です。

じつは、これがとても効果的、かつ大切なのです。「本業は世を忍ぶ仮の姿であり、本当に私が楽しんでいるのは副業」では、ダメなのです。

実際に私は日頃から、社内の至るところで「仕事が楽しい」「仕事が趣味」と、あえて言葉に出しています。別に無理をして言っているわけではなく、心の底からそう思っています。そうすることで、本業での協力者もどんどん増えていきました。

現状では、副業をしている人はまだまだマイノリティです。

だから、「あいつはちゃんと本業に取り組んでいるのか」と減点方式の視点で見てくる人はどうしてもいます。そんな人に対して明確に言えるのは、「本業も全力で楽しんでいます」しかないと思うのです。万人に対して、ロジカルに切り返す術はなかなかありません。

だからこそ、本業を楽しんでいることを自他ともに認める状態とし、積極的に発信していくことで、会社へのロイヤリティ（忠誠心）があることも伝えていく必要があります。

たとえば、私は七つの特許を発明しました。

それは、副業でいろいろな現場に行き、いろいろな人に会い、アイデア千本ノックをする中で、会社に還元すべきアイデアを見つけて申請したものです。正確には私が特許発案者になって、会社へ特許を帰属させています。よって、権利を私が持っているというよりは、会社に権利を帰属させていると言ったほうが正確でしょう。

大事なのは、**本業を楽しみ、結果を出し、本業にフルコミットしていることを、とにかくわかりやすい形で、周りの人に理解してもらう**ということです。

「それは当たり前のことじゃないか？」と感じる人もいるかもしれません。でも案外、私たちの仕事の日常は、正反対になっていることがあります。

たとえば飲み会で「今日も大変だったなあ、つらかったなあ」なんて言いながら乾杯していませんか？

気持ちがわからないわけではありません。でも、「仕事が楽しかった瞬間」にフォーカスして会話をするほうが楽しい飲み会になる、と私は思います。「今週はこんなに楽しいことがあったね」と言いながら乾杯するほうが、楽しいと思いませんか。

副業にも精を出しているけれど、本業も本当に楽しい。会社へのロイヤリティはもちろん、会社で仕事をしている時間や人と話している時間も、本当に楽しく過ごしている。そうして本業にフルコミットしていることを、周りに理解してもらう必要があります。

そして、それをきちんと自分から発信することがとても大切なのです。

だから私は頻繁に「今日の仕事はなかなかおもしろかったなぁ〜、では帰ります」と口にして会社を出るようにしています。「そんなことは、うちの会社の社風でやれるわけがない」と思うかもしれません。重要なのは、本業にコミットしていることをわかりやすく自分からの発信で表現することです。同じ形でなくても構いません。

そのために、自分が「疲れる」と感じてしまう活動は、遠ざけていくことも大切です。本業と副業をともに楽しみ、高いポジションを得て振り子の幅を広げていくためには、必要な要素を足し算と引き算で絞り込んでいくべき。両立に疲れ果ててしまっては、意味がありません。

仕事を続けながら学校に通い、何かを学び続けている人からも「仕事のあとは疲れてしまって、全然勉強できないことがある」と聞くことがあります。そんな場合には、疲れると感じるようなことはできる限りやめてしまうべきです。本末転倒です。

世の中には、「飲み会が大好き」という人がいますよね。

そうした人は、「飲み会に疲れた」とは言わないと思います。むしろ、みんなが帰り支度を始めても一向に動こうとしなかったり、「もう終電がなくなっちゃうから帰ろうよ」と言っても「あと1杯だけ」と粘ったり。その人は飲み会が大好きだから、そこに割いている時間は、まったくストレスにはならないわけです。

逆のパターンは要注意です。

もし、副業などに割いている時間が自分にとって継続的なストレスになるのであれば、それはあまり向いていないのかもしれません。あくまでも自分の意思で続ける副業だからこそ、期限を切ってやめてしまうことも、重要な決断経験となるかもしれません。

口コミをデザインする

次に、社外における副業の広報活動についてお伝えします。副業で広告宣伝費をかけられるステージまで到達するには、相当な時間がかかります。つまり、いかにコストをかけずに伝えていくか、伝えてもらうか、が重要になってきます。先行投資を必要としない、有効な広報手段をいくつか挙げてみましょう。

・現状の顧客に口コミで広げてもらう
・メディアに取材してもらう
・ＳＮＳで発信する
・商業出版する
・チラシを配る

いずれの手段も私自身が実施し、その効果を確認してきました。この中でも**いちばん効果的だったのは、口コミの伝播による新しい顧客の獲得**です。

副業における商品・サービスの社会的信用を確立するのは容易ではありません。一方、すでに信頼関係がある程度構築できている既存顧客をハブにして広げる場合においては、その顧客の信用が担保となり、次の顧客を呼びやすくなります。

では、この口コミの効果を最大化するにはどうしたらよいのでしょうか。

これには、自分の副業のビジネスモデルに合わせた綿密な設計が必要です。**顧客に何と言ってもらい、次の顧客にＰＲしてもらいたいかを、具体的な言葉まで自分の中で落とし込む。そして、それが実現されやすい状況になるよう、パーツを集める必要があります。**

たとえば、私の講師業の副業であれば、狙う口コミは「見て、これ便利じゃない？」です。「これ」とは、講座で配布するお土産を指します。

● 配布した「ショートカットキーMAP」

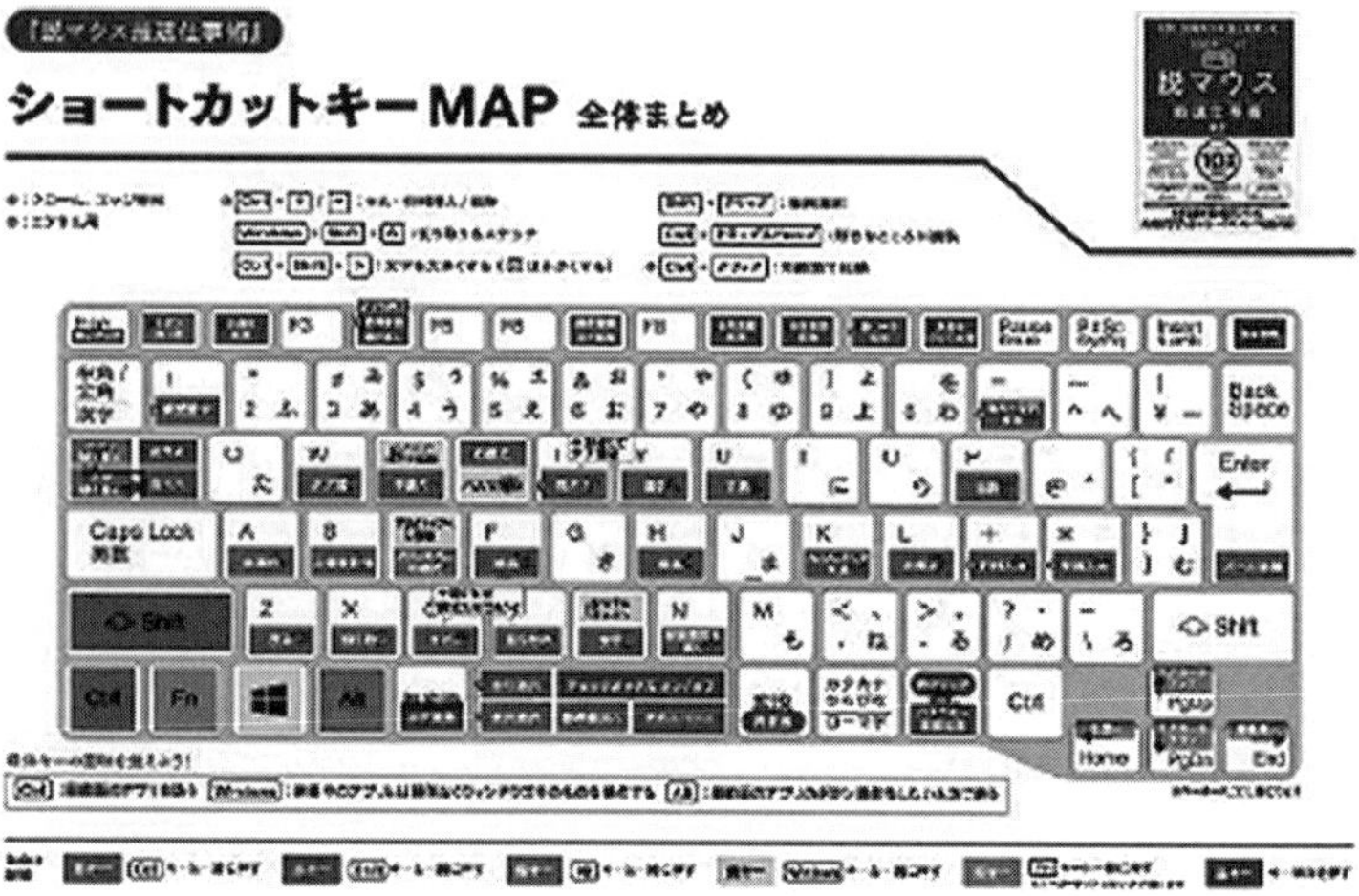

私は講座の中で、ショートカットキーの一覧をまとめた「ショートカットキーMAP」を必ず持ち帰っていただいています。講座における最重要資料と言えるものなので、当初は「これを配ってコピーされてしまえば、お客さまが減ってしまうかも」と考えました。しかし、結果はその真逆でした。

想定していた通り、講座に参加した人は、それぞれの職場でこの図をどんどんコピーしていきました。しかし、そのコピーの過程で「これ、誰が持ってきたの？」「どこでもらったの？」「もっと内容を知るにはどうすればいいの？」といった会話が生まれていたのです。

このサイクルが偶発的かつ計画的に生まれ、結果として、このお土産が私の代わりの営業パーソンとなり、約800名の新規顧客を獲得できました。

口コミをデザインする。これができれば効果は絶大です。いろいろとトライ&エラーを繰り返し、効果的な手法を見つけてください。

「本業の出世」か「副業の専業起業化」か、もしくは……

本業と副業の収入が、いよいよ、逆転かつ安定したとしましょう。もっと副業にコミットすれば、収益が拡大できることは確実。しかし、あなたの本業における職位も上がる寸前まで来ている。あと一歩で、年収も上がりそう。

将来的にこんな状況が訪れたら、どうするべきだと思いますか？

・本業の出世を狙い、ベース給を確保する＝副業での独立はしない
・本業の出世を捨て、副業収入の拡大を狙う

もし「この2択だろうな」と思ったなら、それは間違いです。そこには転職の選択肢が抜けています。ここでいう転職とは、真の転職のことを指します。

世の中で一般的に言われるキャリアアップを目的とした転職は、ほとんどのケースが転職ではなく、転社です。つまり「職」までシフトできている人はほとんどいないということ。マーケティングの人はマーケティングへ、営業の人は営業へ、というフレームの中で、社名だけを変えていく転社にすぎません。

なぜ、こんなことになってしまうのでしょうか。

これには多分に採用側の事情があると思っています。解雇の自由度の低い日本社会において、中途採用でポテンシャルに重点を置くことは、企業にとってはあまりにもリスクが高いのです。結果、いままでの職務経歴と実績を重視した採用が中心となってしまいます。

たとえば、経理一筋のキャリアの人がマーケティングに転職したいと思っても、マーケティングの経験や実績がない場合には、なかなか受け入れ先が見つからないといった具合です。

話を戻します。

副業で本業並みの収益が出るビジネスを構築できたあなたは、いままでの自分のキャリアにはなかった、新しい「実績」を表現できるようになっているはずです。真の転職で人生を大きく転換することもできる、ほかの人にはない特別な切符を手にしています。前向きな選択肢が増えて悩みますね。

考え方の一つの軸をご紹介しましょう。

私はいろいろ悩んだ結果、「エンドユーザー(最終顧客)の感謝の総和」が最大化できる選択肢はどれかを考え、判断しました。

本業にも副業にも、エンドユーザーが当然いると思います。転職でも同様です。

私の場合は、交渉の末、幸い社内での部署変更(実質的転職)となり、希望通りにいまは新規事業開発の専任として仕事をしつつ、副業を行っています。そのほうが、多くのエンドユーザーにリーチができるからです。

感謝の総和という観点においても、同様です。「このサービスがあってよかった」「この本があってよかった」「この研修があってよかった」……いろいろなエンドユーザーの声があります。

どこに比重を置くか。

私は、自己本位的な、短期的な収益を高めることよりも、社会にとって意味のある命の使い方をしていきたいと考えています。「使命」とは文字通り、命を使ってやりたいこと。そんな使命感に燃え続けられること、没頭できることが少し見つかった気がしています。さまざまな副業の失敗を通じて——。

新しい自分に出会えるような副業を。

人生が変わるような副業を。

そして、もっと没頭できる人生へ。

これらの感覚を味わってくれる人が少しでも増えれば、この本をお届けした者として、これ以上の喜びはありません。

コラム

知らないことは検索できない

「森さんはオンラインサロンを立ち上げないんですか？」

最近、よく聞かれるようになった質問です。オンラインサロンブームのいま、私が手がけるアウトルックやショートカットキーの講座は、いかにも時流に適しているのではないかと言うのです。

しかし私は、オンラインサロンを始めるつもりはありません。理由は明確で、オンラインサロンという手法では、必要としている人に私の知見を届けられないと思っているからです。

少し前に、こんなことがありました。

ある人から「自転車乗りのための新たなアパレルブランドを立ち上げたい」と相談を受けたのです。近年では、ロードバイクやスポーツバイクの流行で、街なかでも多くのライダーを見かけるようになりました。

その人が課題に感じていたのは、自転車に乗る人たちのウェアに選択肢が少ないこと。「もっとおしゃれに自転車に乗ることもできるのではないか」というわけですね。

そこで、ライダーに向けて、副業でTシャツを作って売りたいというアイデアでした。

どうやって売るのか聞いたところ、インターネットで集客すると言います。私はそれは厳しいと思い、そう伝えました。

なぜ、インターネットでの集客が厳しいと思ったのか。

理由は簡単で、おそらくライダーは「ウェアの選択肢が少ない」「もっとかっこいいTシャツはないか」とは思っていないと考えたからです。自ら「ロードバイク Tシャツ かっこいい」などと検索することも少ないでしょう。

私がアドバイスしたのは、現場を見ること。

たとえば、土日に街なかのコンビニへ行けば、何台かのロードバイクが停まっているのを見かけることがあります。そうした場所へ行き、ライダーへQRコードのリンクを掲載したチラシを渡すなり、ビラを置かせてもらうなりしたほうが、インターネットで集客するよりもよほど効果的ではないでしょうか。インターネットとは真逆のピンポイント営業です。

いまは、何をするにもインターネットの時代です。たしかに、インターネットでのマーケティングができなければ話にならない分野も多いでしょう。

しかし、ニッチな分野を攻める副業は別です。自分自身が気づいた課題が核心を突いていたとしても、世の中の多くの人はまだ気づいていないかもしれません。そうなると、大きな広告予算を投じない限りは、せっかくの事業やサービスを知ってもらえません。

それに、よりリアリティのあるアナログで、人脈がしっかり形成できるビジネスであればあるほど、インターネットとはほど遠い位置にあると私は思います。

私のアウトルックやショートカットキーも同じです。

これらを課題に感じて情報を取りにいっている人は、いませんでした。「アウトルック　効率化」なんて、かつてはほとんどの人が検索しなかったのです。

インターネットの販路は、検索してはじめてたどり着いてもらえるもの。だから、そのキーワードを知らない限りは、絶対にたどり着いてもらえないのです。

でも、そのことをわかっていない人がとても多い。インターネットは、アクセラレーター（アクセルペダル）であって、メインとなるエンジンではないのです。

検索キーワードをきちんと言語化して自分の事業やサービスにたどり着ける人は、一握り。市場の中にほんのわずかしかいない、ということを認識すべきです。

「アウトルックやショートカットキーの講座をオンラインで展開すれば、儲かるんじゃないの?」

わかっていない人ほど、そんなことを言います。

「当社が主催しているオンラインセミナーで講義をしませんか?」というお誘いもたくさんいただくのですが、基本的にお断りしています。なぜなら、私の知見を必要としている人には、オンラインセミナーでは届かないからです。

私の集客方法の入口は、アナログです。

社内でアウトルックに課題がたくさんあるという声が上がってきたときに、人事の立場として、アウトルックを教えてくれる先生をインターネットで探しました。しかし、当時は誰も検索に引っかからなかったので、私が先生として教えることにしたのです。

まずは、身近な社内の課題解決に奔走しました。

その後、ある企業が「社員のメールを効率化させたい」と考え、検索をすると、私にたどり着きました。そこで初めて講演の依頼が来ました。その企業での講演は、いまでは10回以上に及びます。

すると、口コミで講演依頼が続々と来るようになりました。法人講演をしたり、本を出したりして、丁寧に「自分が教えられること」を伝えてきました。そうするとようやく、インターネット上で私のことを検索してくれる人が現れ始めました。「ＮｅｗｓＰｉｃｋｓ」などのメディアで取り上げていただいたことも、大きかったのだと思います。

「アウトルックで業務効率を高められるらしい」

そんな課題解決の方法が世の中に流通したことで、インターネットがアクセラレーターの役割を果たしてくれるようになったのです。自分から探されるのを待っていたわけではなく、名乗りを上げている状態にしておくということです。

「アウトルック　講師」と検索して、見つかるのは私という若造です。お客さまは「この人しかいないなら、この人に相談するしかないな」と思ったかもしれません。

「インターネットを活用した副業」は真っ先に考えてしまう選択肢だと思いますが、インターネットはあくまでも手段であり、直接的なソリューションではありません。

誰のどんな課題を解決したいか。

その顧客に、まずはどうお届けするのが最も効率的なのか。

手段が先行し、考える順番がぶれてはなりません。

おわりに――会社経営者・管理部門の方に向けたメッセージ

「君には会社の未来を考えてほしい。副業をする時間があるなら、会社の中でもっとその力を発揮すべきではないか」

会社の経営やマネジメントを担う立場として、副業に勤しむ従業員にそんな声をかけたくなる気持ちは、とてもよく理解できます。副業を禁止する企業の多くは、似た考えでしょう。

しかし私は、「一つの企業の机に向かって過ごす労働時間とアウトプットが正比例する時代は、とうに終わっている」と思うのです。もっと言えば、労働時間とアウトプットが比例するというバイアスが取りのぞけない会社に、未来はないとさえ感じます。

総人口が増え続ける時代には、この構造がある程度は成り立っていたのかもしれません。しかし、いまは違います。下りのエスカレーターでも荷物を上に持ち上げる。そんな仕事ができない会社は、自然淘汰されるのです。これ自体には、大きな異論はないはずです。

一方で、私が副業をする中で気がついたことがあります。「脳の労働時間とアウトプットは正比例する」ということです。副業が楽しければ、脳の思考時間におけるシェアが自然に拡大し、新しいビジネスアイデアが浮かびやすくなる。このサイクルが回ることによって、アウトプットが拡大していきます。

つまり、一つの企業の机に向かって過ごす労働時間よりも重要なのは、脳の労働時間のシェアを拡大すること。「だからこそ、副業なんてやらせたら多数の社員の脳の労働時間のシェアが取られてしまうではないか――」、次はそう思うかもしれません。

しかし、それもきっと幻想です。この考えには、あなたの会社には「副業を自らで構築できる人材が一定数いる」という前提があります。それは事実なのでしょうか。

残念ながら、副業を解禁した多くの先進的企業ですら、副業の実施率は多くて数パーセントです。実際には1パーセントに満たないのが実態でしょう。

そんな才能や能力のある社員は、本当にあなたの会社に存在しているのでしょうか。期限つきの副業解禁などで確認すれば、衝撃的な真実が見えてくるのではないかと思います。

では、才能や能力のある社員の母数が少ないからといって、副業禁止のままでよいのでしょうか。
空いている時間の中で、副業の構築を失敗しながらでもスキルアップする。その過程で会社から得ている年収を、個として獲得することの難しさを痛切に感じる。自らの力不足を実社会で感じ、足りない能力や経験を補おうとする。
そこには、会社で得られない経験がたくさんあります。

いまの会社の稼ぎ頭のビジネスモデルは、ある日、誰かが思いついてくれたアイデアが元となり、成長のドライバーとなっているはずです。ここに母数は関係ないはず。社員を信じて、それぞれの意思で倍速で成長してもらった先に、「ある日、誰かが思いつく」アイデアが再びもたらされるのかもしれません。

「誰かのアイデアでここまで来た。次は、あなたの出番だ」

ある日、ある場所で、こんなコピーが書かれたポスターを目にしました。
私は、しばらくこのメッセージを見たまま、立ち止まってしまいました。

副業だったり、趣味だったりと、いろいろなことをやってきましたが、その過程の中で「なんだか少し違うな」とも思ってきました。

もっと大きな、意味のあることをできないか。

「自分が生きていた時代」と「生きていなかった時代」に、差分はあるのだろうか。

いまのままでは、差分は残せない。

そんな焦りのような感情も出てきていたのです。

しかし、このコピーを見て私は確信しました。

「そうだ。このバトンは私が受け取らねばならない。本業で戦うぞ」

知識不足ならば、もっと学ぼう。経験不足なら、自分が取れるすべての打席を取りにいこう――。

私が勝手に受け取ったこのバトンを、次の世代に渡せるかどうかはまだ道半ばです。

それでも、副業である程度は戦えた自分なのに、本業でアウトプットが出し切れないなんて恥ずかしい。おかしい。絶対にこのバトンは落とさない。そんな気持ちの変化が起きています。

自分の意思で打席に立ったときにしか見られない光景があります。自分の意思でバットを振ったときにしか、起きない変化があります。副業は、その一つの手段にすぎませんが、手段は多いに越したことはありません——。

こんなメッセージを発信しなくてもよくなる社会の到来を強く信じて、ここに筆をおこうと思います。

2021年7月

森 新

普通の会社員のための
超副業力

2021年9月5日　初版発行

著者	森 新
発行者	小林圭太
発行所	株式会社CCCメディアハウス
	〒141-8205 東京都品川区上大崎3丁目1番1号
電話	販売 03-5436-5721
	編集 03-5436-5735
	http://books.cccmh.co.jp

編集協力	多田慎介
ブックデザイン	小口翔平＋畑中 茜（tobufune）
校正	株式会社文字工房燦光
印刷・製本	豊国印刷株式会社

ISBN 978-4-484-21218-0